箱の設計

自由自在に「箱」を生み出す基本原理と技術

ポール・ジャクソン 著
牧尾 晴喜 訳

BNN

STRUCTURAL PACKAGING:
Design Your Own Boxes and 3-D Forms
by Paul Jackson

This book was designed, produced and published in
2012 by Laurence King Publishing Ltd.

Japanese translation published by arrangement with
Laurence King Publishing Ltd through
The English Agency (Japan) Ltd.

BNN, Inc.
1-20-6, Ebisu-minami, Shibuya-ku,
Tokyo 150-0022 JAPAN
www.bnn.co.jp

箱の設計

自由自在に「箱」を生み出す基本原理と技術

2015 年 7 月 16 日　初版第 1 刷発行

著者　ポール・ジャクソン
訳者　牧尾晴喜 / ブレインウッズ株式会社

発行人　籔内康一
発行所　株式会社ビー・エヌ・エヌ新社
〒150-0022　東京都渋谷区恵比寿南一丁目 20 番 6 号
E-mail: info@bnn.co.jp　Fax: 03-5725-1511
http://www.bnn.co.jp

印刷・製本　シナノ印刷株式会社

日本語版デザイン　中山正成（APRIL FOOL Inc.）
日本語版編集　石井早耶香

ISBN 978-4-86100-992-1
Printed in Japan

STRUCTURAL PACKAGING

DESIGN YOUR OWN BOXES AND 3-D FORMS

Paul Jackson

目次

はじめに

過去20年ほどにわたり、パッケージングの資料書籍が絶え間なく出版され、紙パックや小箱、トレーなどを幅広く網羅した何百もの“すぐに使える”テンプレート（いわゆる「展開図」）が紹介されてきた。これらのすばらしい書籍は出来合いのデザイン解決策を求める読者にとっては非常に役立つものかもしれない。しかし、どのように“カスタムメイド”のデザインでパッケージを作り出せるかは説明されていないために、まるで「新しいアイデアによるパッケージの創造は、パッケージング技術者のようなスペシャリストに委ねられるべきもの」と暗に言っているかのようだ。

しかし、それは違う。

私は1980年代を通じて、平らな面と直線の辺を持ち、どのようなボリュームを持つ形状であっても包むことができる、最も強度のある一体型の展開図を作り出すためのシンプルな体系（「方程式」と言ってもいい）を開発した。これを最も有効な形に実用化したのが、本書で教授する**構造的パッケージング（Structural Packaging）**の体系である。

構造的パッケージングの体系的な手法は、これまでイギリス全土および国外の数多くのデザイン系大学で指導されてきた。こうした場において、経験のない生徒たちが、創造力に富み、美しくかつ実用的で、時には国際的なパッケージデザインコンテストで賞を受けるようなワクワクさせる一連のデザインを生み出すのを、私は繰り返し目の当たりにしてきた。またこの手法はプロのデザイナーグループによって学ばれる機会も多く、新しいパッケージ形状を生み出すのに活用されている。

本書では、この体系的な手法を紹介する。

ただし、この体系は、単に斬新なパッケージデザインを生み出すためだけのものではない。私自身も、POP広告の基壇から、展覧会におけるディスプレイ装置、ダイレクトメール送付時のティーザー的な演出、学校の数学クラスのための教材、巨大な立体の幾何学的彫刻、立体グリーティングカード、その他、携わった多様なプロジェクトで頻繁にこの手法を利用してきた。これから示す体系的な手法は主に構造的パッケージング、すなわち箱やパッケージを制作するためのものだが、本書を通じて見えてくるとおり、正しく理解してもらえれば、立体デザインのその他の分野においても応用することが可能である。

その意味で、この本は構造的パッケージングに興味のある人だけでなく、プロダクトデザイナーや建築家、エンジニアや幾何学者といった、構造や形態に興味のある様々な人にとって有用だろう。

本書の学習用データ・展開図は、以下からDLできます。
www.bnn.co.jp/dl/sp/

1:

作業にとりかかる前の要点

BEFORE YOU START

1.1 この本の使い方

この本では、箱やパッケージ、またその他の立体形状をデザインする手法を、段階的に順序立てて紹介している。読者には、小説を読む時のように、最初のページから最後のページまで順に読むことを強くお勧めする。思いつくままにあちこち行ったり来たりしながら文章をかいつまんで読み、いくつか図版を眺めるだけでは、この本から正確に手法を学びとり、有意義で長期的に役立つ恩恵を得ることはできないだろう。内容を表面的になぞるだけであればこの本から得られるものは少ないが、この本を使ってこつこつと真剣に取り組めば、力強く、実用的な、自分自身のデザインを生み出すことができるだろう。

第 2 章の「完璧な展開図のデザイン」(p.14 から p.37) は、この本の核となるものである。続く各章では、第 2 章で示された手法がどのように応用できるかについて説明している。そして最終章では、ドイツのシュヴェービッシュグミュント美術大学 (Hochschule für Gestaltung, Schwäbish Gmünd, Germany) の生徒たちの手によって生み出されたパッケージの参考例を紹介する。この本を最初から通して学んでいくことにより、最後のページに辿り着く頃には展開図作成の理論と応用について十分な理解を得て、高品質で独自性のある自分自身の作品を創り出せるようになるだろう。

著者からは、一時的な創作の衝動は抑えることを強く勧める。その代わりに、学ぶことに対してオープンになり、その上で学んだことに対して自らの創造性を加えていく方法を採るべきだろう。

1.2　切り方と折り方

1.2.1　切り方

紙を手作業で切っていく場合には、質のよいクラフトナイフか、できれば手術メスを用いることが重要である。安価な折刃式のクラフトナイフは、安定せず危険であるため利用は避けたほうがよい。強度があり、ずっしりとしたナイフのほうがより安定しており安全である。ただし、金属製の細身のハンドルの手術メスと交換用替刃も同じくらいの値段で手に入る。手術メスは通常､紙を切る際にクラフトナイフより扱いやすく、正確な切り取り作業に有用である。いずれのナイフを使用するにしても、刃を定期的に交換することが必須である。

金属製の物差しや直定規を使えば、確実に、力強くまっすぐな切断が可能だが、透明なプラスチック製定規でもよいし、この場合は定規の下の図面が見えるという利点がある。短い線を切る時には、便利な 15cm 定規を用いるとよい。通常、切断の際には、もし刃が滑っても図面の外側の紙の未使用部分に切れ込むように、図面上に定規を置く。

また、自己修復機能のあるカッティングマットの購入をお勧めしたい。厚紙や木板の上で紙を切ると、表面がすぐに刻み目や轍痕だらけになり、まっすぐできれいな切断ができなくなる。またマットは可能な限り一番大きなものを購入するのがよい。丁寧に使用すれば、10 年以上もつものだ。

写真は手術メスで切断する際の基本の持ち方。安全性の点から、切断作業をしていない手は常に切断作業中の手より上手側に置くこと。

1.2.2　折り方

紙を切るのは比較的単純明解な作業だが、紙を折る作業はもう少し複雑である。どのような方法を用いるにせよ、最も重要なことは、折れ線に沿って折り目を付ける際に絶対に紙を深く切り込まずに、圧を加えて折れ線部分を押し縮めることである。この作業は道具を使って行うが、専用の道具を使うか即席のものを使うかは作業する人の好みと慣れによる。

“ボーン・フォルダー（ヘラ）”と呼ばれる、様々な専門家用の折り目付け道具がある。こうした道具は紙を非常によく押し縮めてくれるが、できあがる折れ線は大抵の場合、定規の縁から 1、2 ミリ程度離れてしまうため、高い精度を求める人は、ヘラによる折り目付け作業は不正確だと感じるかもしれない。

お勧めする即席の道具は、インクの出なくなったボールペンである。ペンのボール部分がすばらしい折れ線を描いてくれるが、これもヘラと同様、定規の縁より多少離れた場所に折れ線ができてしまう。他にも、はさみの先端部分や調理用包丁、湿った粘土を滑らかにするための道具、指先の爪（！）、爪ヤスリなどを利用している人を見たことがある。

私自身のお気に入りは切れ味の鈍った手術メスの刃（もしくは鈍ったクラフトナイフの刃）である。秘密を明かすと、刃を上下逆に取り付けるという簡単なトリックだ（下の写真参照）。これにより、かなり安定した線で紙を押し縮めることができ、かつ定規の縁に接して折り目を描ける。

手術メスやクラフトナイフは、折り目を付けるのに最適な道具である。上下反対に取り付けて定規の縁に沿わせることで、折れ線上を切断するのではなく紙を押し縮める。

1.3　ソフトウェアの利用

私が教える際には、学んでいるグループに対し、展開図を必ず手作業で作成するように求めている。なぜならば、コンピュータを用いてデザインを考えることは、単純に実践的でないからだ。このため我々は硬い鉛筆や物差し、分度器、三角定規や製図コンパス、そしてもちろん消しゴムを用いて展開図を作成する。実際、これが展開図のデザインを学ぶ上で最適の方法であることは間違いない。しばらくして、学生が展開図のデザイン方法を習得したら、コンピュータを用いて描いてもよい。

ただ、正確な直角や平行線、多角形やその他の幾何学形状を手で描く正しい方法や、角度を計算する方法は、最近の学校やデザイン系の大学ではほとんど教えられていない。このため、私が展開図のデザインを教える際には、製図の基本を説明するのに多くの時間を費やさねばならない。基本的な製図の理論と技術についてページを割いて説明することはこの本の趣旨ではないので、私の手法を用いて手作業により展開図を制作したい読者は、これらの情報については別の資料をあたってほしい。

しかしおそらく、読者はこの本で紹介されている展開図作成の体系的な手法を用いて展開図の下書きを手作業で完成させた後、コンピュータで正確に図面を描き直すのではないだろうか。

展開図を描くのに適したすばらしいCAD ソフトウェアには様々な選択肢があり、機能が抑えられたフリーウェアも入手可能だ。また、グラフィックデザイン向けのソフトウェアも利用可能だが、幾何学的な作図作業は、場合によっては少し手間のかかるものになる可能性がある。基本的には、2 次元の幾何学的な作図作業が可能なソフトウェアなら、どんなものでも展開図作成に適している。もし特定のCAD ソフトウェアやグラフィックデザイン向けソフトウェアについて適切な知識がある場合には、正確な展開図を作成するのにそれらを利用してもよい。そうした知識がない場合には、CAD アプリケーションのフリーウェア版を用いるというのも最初はよい方法だ。これも難しい場合は、安価な幾何学用道具一式（道具のリストについては1 段落目を参照）を購入し、全てを手作業で制作するのがよいと思われる。

1.4 用紙の選び方

この本に収録された全ての参考例は、250g/m^2 の厚紙で制作されたものである。本書の参考例を制作してみたり、あるいは自分が創作したデザインのプロトタイプを作りたい場合には、この斤量の紙を推奨する。後日、より厚い紙やダンボール紙などを使用する予定であっても、まずは 250g/m^2 の紙でプロトタイプを制作してみることを勧める。またできればコーティングのあるつや有りの紙よりも、マットなつや消しの紙を使ったほうがよい。つや消しの紙の表面は折り曲げやすく、展開図をしっかりと組み立て固定するグリップ力があり、さらに図面をより容易に描くことができるなど、作業をする際に全般的にコート紙よりもユーザーフレンドリーで扱いやすい。もし自分の作品で強い印象を与えたいならば、明るい白色の紙を用いたほうが、濁った白やオフホワイトの紙で作るより、見た目がよい箱を作ることができる。

もし一点限りの個人的なプロジェクトとして、あるいは少数のハンドメイドを目的にデザインするのであれば、どのような種類の紙を選んでもよい。しかし、自分のデザインで一定数のものを制作するのであれば、どのような用紙が自分の要求に沿うか、専門的なパッケージング技術者に相談する必要がある。この点に関しては、「どうやって自分の箱を製造するか」(p.126)でより詳しく説明している。

もう一点：この本では紙によるパッケージ制作手法を取り上げているが、展開図の多くにはプラスチックや、より具体的に言えばポリプロピレンなどの素材も適用できる。ポリプロピレンで、特に半透明や透明な素材を選んで制作した場合には、完成作品は視覚的にも非常に刺激的なものになり得、その可能性は計り知れないものがある。

1.5　用語解説

どんな専門的分野でもそうであるように、構造的パッケージングにも独自の専門用語があるが、その多くは理にかなったものか、見ればすぐ分かるものだ。この本を読み進める中でなじみのない用語を目にした場合には、このページを再度参照してほしい。

1.5.1　箱

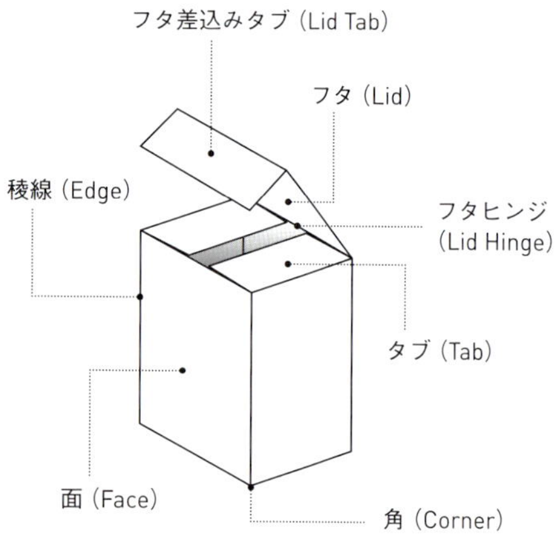

1.5.2　谷折りと山折り

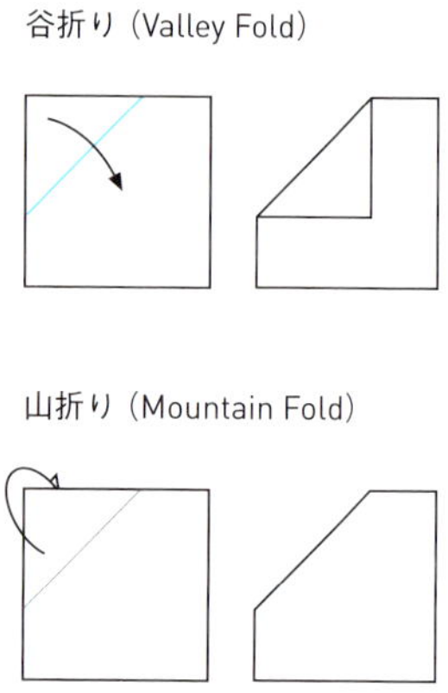

1.5.3　作図線

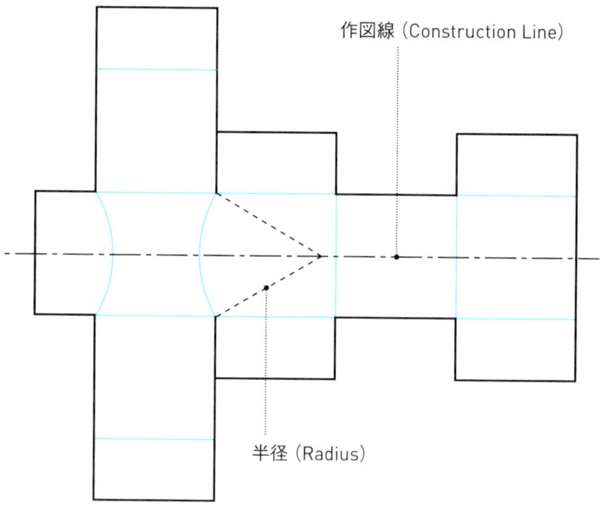

1.5.4　展開図

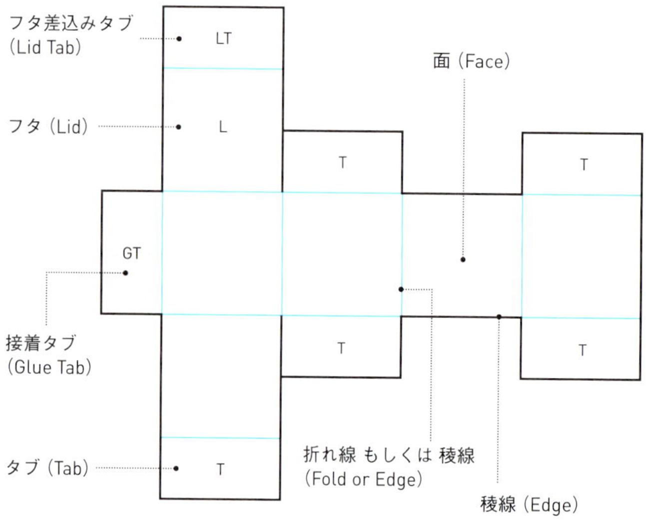

1.5.5　多角形

多角形とは、直線の稜線の閉じたパス（外形線）で囲まれた平面形状を指す。どのようなパッケージ形状も複数の多角形でできており、これらを3次元に配置することで生み出される。多角形、特に3つか4つの辺を持つものは、微妙な違いに応じて異なる名称が与えられている。名称を知り、違いを理解することは、この本をよりよく理解する手助けとなるだけでなく、よりよいデザインを生み出す力となるだろう。

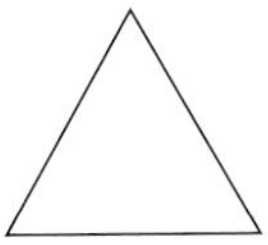

正三角形
(全ての角の角度と、全ての辺の長さが等しい)

二等辺三角形
(2つの角の角度と、2辺の長さが等しい)

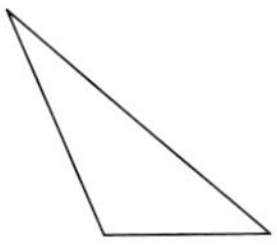

不等辺三角形
(全ての角の角度と、全ての辺の長さが異なる)

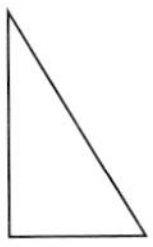

直角三角形
(1つの角の角度が直角)

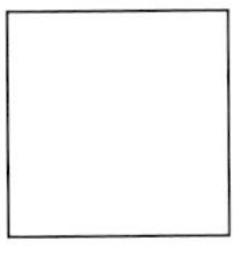

正方形
(4辺からなる多角形で、全ての角の角度と、全ての辺の長さが等しい)

長方形
(4辺からなる多角形で、全ての角の角度と、向かい合う辺の長さが等しい)

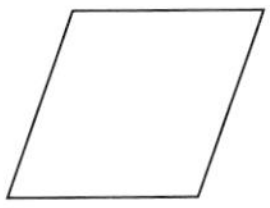

菱形
(4辺からなる多角形で、対角の角度と、全ての辺の長さが等しい)

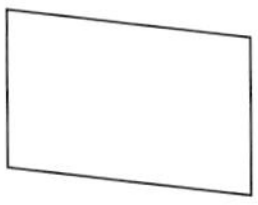

平行四辺形
(4辺からなる多角形で、対角の角度と、向かい合う辺の長さが等しい)

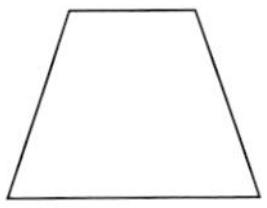

台形
(4辺からなる多角形で、一対の平行な辺を持ち、対角の和が180度である)

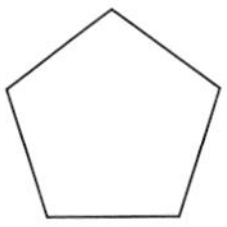

正五角形
(5辺からなる多角形で、全ての角の角度と、全ての辺の長さが等しい)

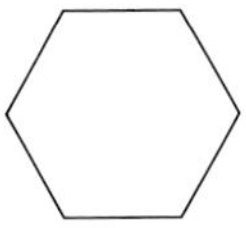

正六角形
(6辺からなる多角形で、全ての角の角度と、全ての辺の長さが等しい)

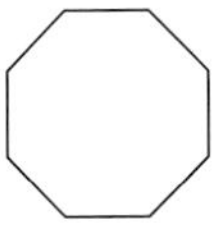

正八角形
(8辺からなる多角形で、全ての角の角度と、全ての辺の長さが等しい)

2:

完璧な展開図のデザイン

HOW TO DESIGN THE PERFECT NET

はじめに

本章は、この本の核となるものだ。ここでは、強度を持ち、一体型で、それ自体で形状を保持できる、様々な多面体（直線の稜線と平面からなる立体）を作るための展開図のデザイン方法について解説する。

ここで解説する体系的手法は精密で正確なものであるため、少なくとも最初は執念深いほどに厳密に手順に従うことが必要となる。理解が深まってくれば、時々近道をしたりステップを飛ばしたりしても構わないが、最初は解説された方法を完全に学び取っていくことが重要である。

この章に費やす時間は、後になって十分に報われることだろう。長く時間をかければかけるほど、自分でパッケージをデザインする時に必要な理解が深まり、より創造性に富んだ実践的なデザインができる。本章を軽く読み飛ばしてしまうと、デザイン能力はどっちつかずのものになってしまうだろう。創造性とは、時に制限のない自由な思考から生み出され、時に何かを徹底的に学びそれを応用することから生まれる。構造的パッケージングは、間違いなく後者にあたる。

そうした理由から、この章は時間をかけて入念に読み進めてほしい。注意深く読み、時間があれば、掲載された参考例を自分で作ってみることをお勧めする。本章に続く各章ではここで教えるものを踏襲しているため、本章で解説している展開図作成の原理を理解することで、展開図がいかに複合的に構成されているか、それをいかに利用し応用できるかについての理解が深まるだろう。

Step 1:

図面およびラフな 3 次元モデルを制作して、自分が求めるパッケージの形態を決めよう。このステップはとても創造的なステップだ。

最初の一歩が最も重要だ。もしデザインの構想が不十分であれば、どんなに完璧な展開図を作成してもデザインそのものに対する厳しい批評は避けられない。できるだけ時間をかけて図面および簡単な立体模型を作り、その結果やアイデアを仲間と議論することが重要である。そうすることで、自信を持って、自分のおおまかなデザイン案を後続の展開図作成のステップへと進めることができるだろう。

もしまだアイデアを探しているなら、インスピレーションを得るためにこの本を利用するといい。特に後半部分には興味深いパッケージ形状が数多く掲載されているので、自分が求めているものと全く同じではなくても、この章で説明する展開図作成の原理を応用し、または組み合わせることで、独自のデザインを生み出すことができるだろう。

おおまかに試作したパッケージ（あるいは箱、ディスプレイ、彫刻その他何でも）が完全に正しいデザインだと自信を持てるまで、Step 2 に進むべきではない。

心に留めておいてほしい。この本は“何を”デザインするかは教えない。あなたがデザインしたものを、“どのように作るか”を教えている。

Step 2:

紙1枚で1つの面を作成し、これらを組み立ててソリッドな立体としてパッケージ模型を制作する。面どうしはマスキングテープを使って固定する。展開図やフタ、タブについてはまだここでは考えない。

1枚の紙でそれぞれの面を慎重に作成する。この作業は幾何学用の道具を使い手作業で行っても、CADやグラフィック系アプリケーションを用いて面を印刷してもよい。求めるパッケージの寸法や大きさが不確かな場合にはこの作業を通じて導き出せるが、サイズについては後でいつでも変更することができる。

マスキングテープを使って、面の縁辺と縁辺どうしをつないで強く固定する（マスキングテープは粘着力の弱いベージュ色の紙テープで、オフィス用品店、画材用品店などで容易に手に入る）。Step 3でテープの上に書き込みをする必要があるので、プラスチック製テープの使用は避けること。

組み立て終われば、テープで固定された丈夫なパッケージ見本の完成だ。

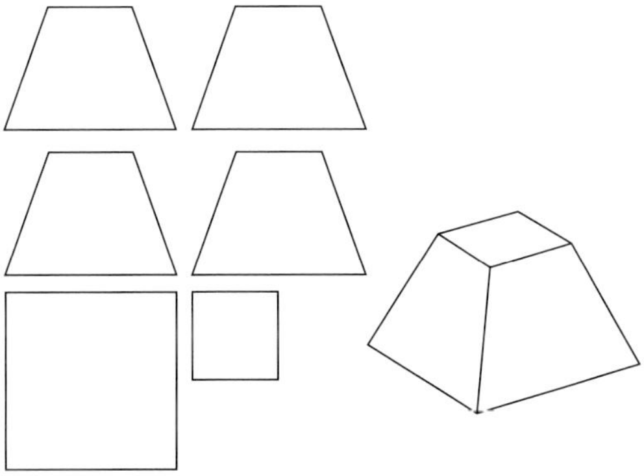

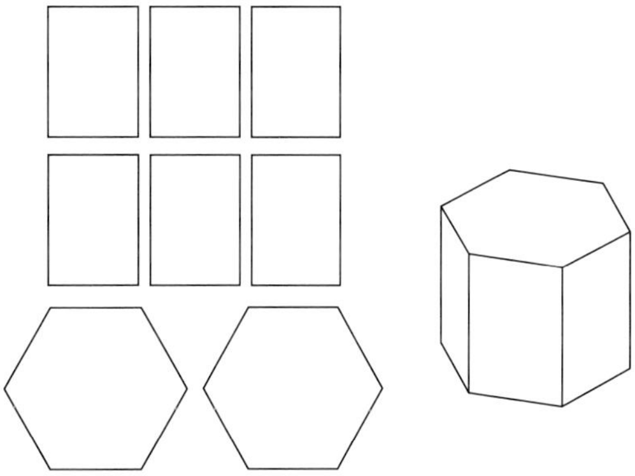

例1
4つの台形と2つの正方形の組み合わせで角錐台ができる。各台形の上底辺の長さは小さいほうの正方形の辺の長さと同じである。各台形の下底辺の長さは大きい方の正方形の辺の長さと同じである。台形の高さと角度は重要ではないが、もしこのデザインを学習課題としてコピーするのであれば、この図にある台形になるべく近い形状にしてみるとよい。

例2
6つの長方形と2つの六角形で六角柱になる。長方形の高さは重要ではないが、これらの長方形の短辺の長さは六角形の辺の長さと同じである。

Step 3:

各稜線を隔てて、同じ番号を対になるよう書き込む。

これらの対になった番号は、ある面とその他の面との関係を示してそれぞれの面の位置を特定する指標となる。これにより、このパッケージ模型をばらばらに分解しても、立体ジグソーパズルのように再び組み立て直すことができる。さらに重要なのは、これらの番号が、ある面のどの辺が、別の面にあるどの辺と接続するかを示す点だ。辺どうしの接続関係が分かることにより、後で正しい場所にタブを追加することができる。

明確に示すために、番号は大きく、辺の真ん中に書き込むようにする。番号付けそのものにルールはない。辺の番号付けは任意の順序や並びで構わない。

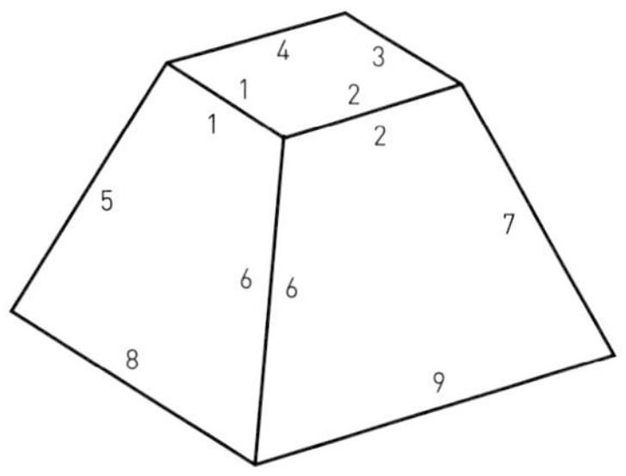

例 1

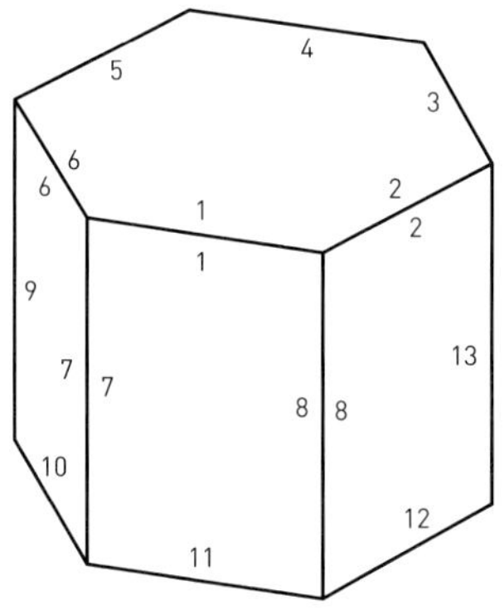

例 2

Step 4:

パッケージにフタを付ける場合、フタ部分を切り離す。

あなたが何を制作しているかにもよるが、その“パッケージ”は実はパッケージではなく、何か別の機能を持った立体形状かもしれない。もしそうでありフタが必要ないなら、このステップは飛ばしてもよい。ただ、もしパッケージとして制作しているのであれば、フタがある場合が多いだろう。その形状と場所についてはStep 1ですでに決定されているはずである。

フタの1辺は本体部分につながったままになるように、鋭いナイフを使って残りの辺のマスキングテープを慎重に切り離してフタを開ける。Step 3で書き込んだ番号が残るように、テープははがさず切り離す。

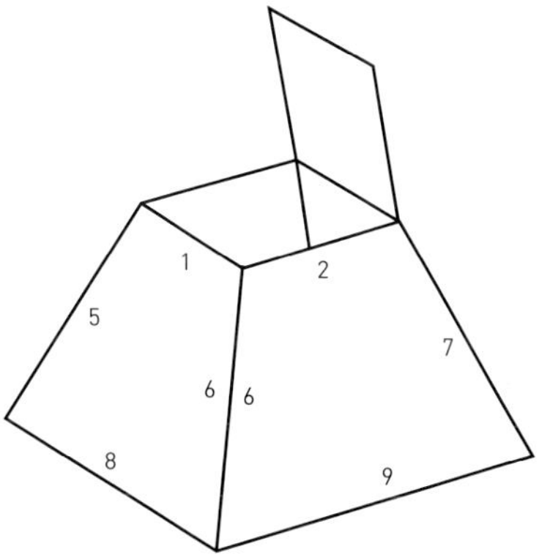

例 1
この例でパッケージのフタとして最も実用的な面は小さな正方形の面であるが、大きな正方形の面をフタにすると物を出し入れしやすい。

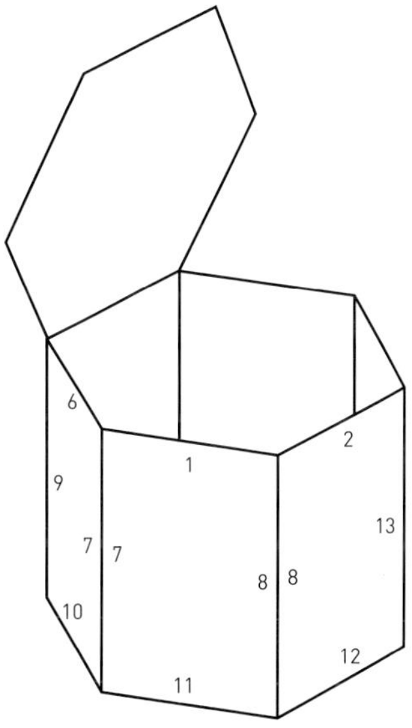

例 2
この例では六角形の面がフタに適しているのが明らかではあるが、長方形の1つをフタにすると、より面白いかもしれない。

Step 5:

マスキングテープを用いて、フタヒンジの反対側にあるフタ上の辺にタブをしっかりと貼り付ける。もし反対側の辺がない時には、別の辺を代わりに選ぶ。このタブの角は 90 度になっているべきである。

この最初のタブは“フタ差込みタブ”と呼ばれ、その他のタブの位置を決定する、展開図の中では一番重要なタブである。

このタブを浅く小さく作りたい衝動にかられるかもしれないが、深く差し込めるよう大きめに作る。後で深く作り直すより、浅く作り直すほうが簡単だ。マスキングテープを前と後ろから貼り、しっかりとフタに取り付ける。

次第に細くなる面にフタ差込みタブを収める場合、タブの角の角度は 90 度未満にする必要があるかもしれない。p.32“トラブルシューティング”の項が役に立つはずだ。フタ差込みタブの角の角度を 90 度以上には決してしないこと。さもないと、パッケージに差し込んだり引き抜いたりするのが困難になる。

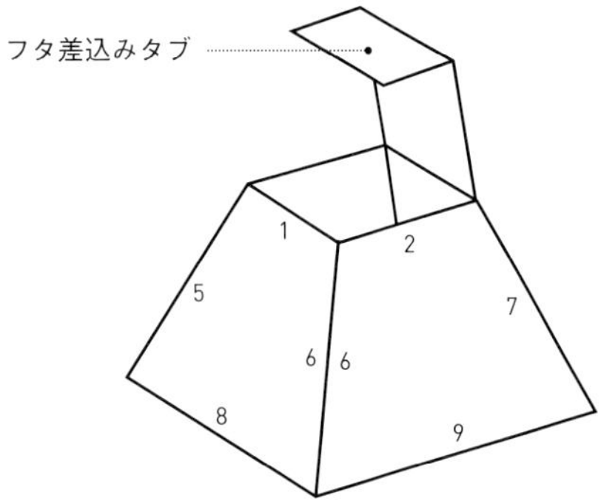

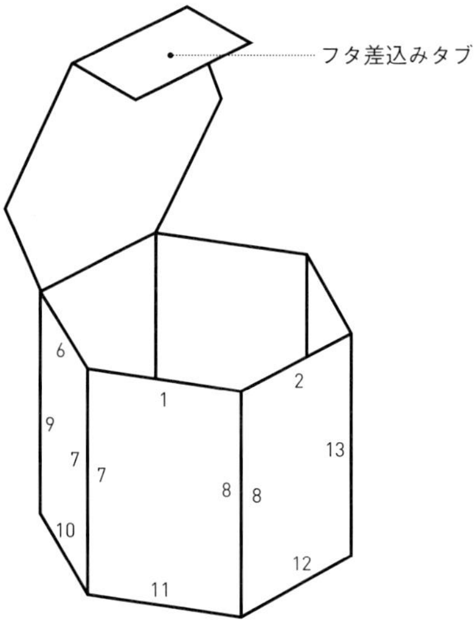

例 1
この例では、フタ上の最も一般的な部分にフタ差込みタブが付けられている。

例 2
この例では、フタ差込みタブが六角形のフタに取り付けられているため、フタ差込みタブの左右とも、フタヒンジとの間にタブのない辺が 2 本ある珍しい例である。

Step 6:

自分のパッケージの最短の稜線をできる限り多く切り離す。

模型を手に取り、どの稜線が一番短いかを注意深く観察してみる。1本か2本が短い時もあれば、同じ長さの短い稜線が何本もある場合もある。

これらの最短の稜線を、面がばらばらになってしまわないよう、別の面から完全に切り離さない程度に切る。この作業においては、どの稜線を切り、どれが残るかは重要ではないが、形状の上部と底部、もしくは左側と右側など、シンメトリーの位置で切るようにするとうまくいくだろう。

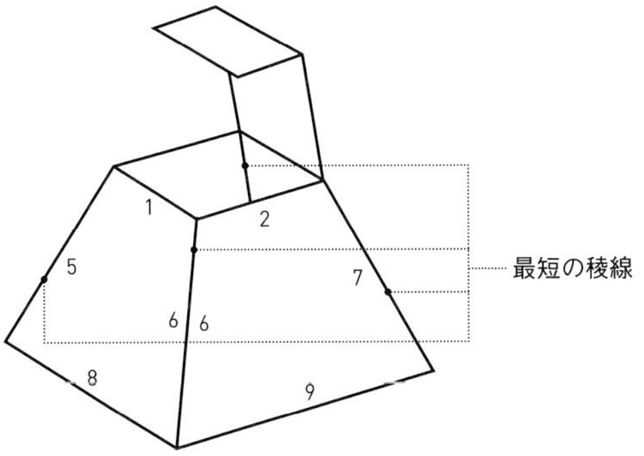

例 1
この例における最短の稜線は、台形の斜めの辺全てである。

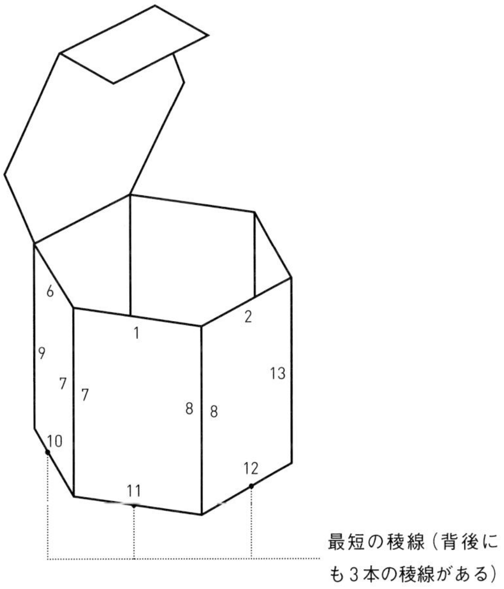

例 2
パッケージの底を囲む6本の最短の稜線のうち5本を切る。6本目の稜線は切らずに残す。Step 7で2つの六角形が上下に並ぶよう、フタヒンジの真下にある稜線を切らずに残すこと。

Step 7:

次に、平らに展開できるよう箱型パッケージの残りの部分を切り開く。
まだ切り離されていない最も短い稜線から切り離し始め、次第により長い稜線を切り離していく。

これは、自分でデザインした立体形状が初めて平面の展開図に転換される、きわめて重要なステップである。これまでの作業で、短い稜線から切り離すべきなのに長い稜線を切ってしまった、というような間違いが1度か2度はあったかもしれない。もしそうだった場合には、間違って切り離してしまった稜線をマスキングテープで止めて組み立て直し、再び立体形状に戻す。その後で、違う稜線を切り離してみる。もしこの作業中に、どの稜線がどの稜線に隣接するのか混乱してしまった場合でも、紙に書き込んだ番号で面と稜線の正しい組み合わせが分かる。

デザインしたパッケージに多くの面がある場合には、平らに切り開く方法の選択肢も非常に多くなる。この選択肢は、短い稜線からまず切り離し (Step 6)、次第により長い稜線を切り離す (本ステップ) ことで限定できるが、それでも数多くの選択肢が残る。つまり1つだけの“完璧な”展開図は存在しないかもしれないが、少なくともいくつかの、あるいは多数の、同じように優れた展開図は存在する。

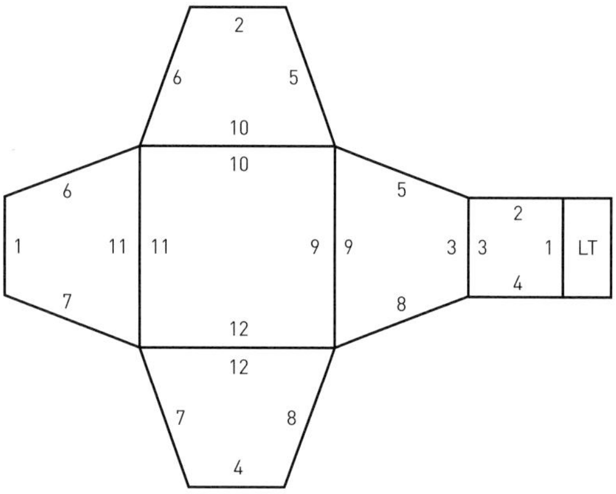

例 1
これは角錐台の展開図である。この例と大きく異なる角錐台の展開図は存在しない。

[Step 7以降、前述の番号付けの解説とは辺の番号が変わっている。また、フタ差込みタブには、それを示す「LT」の文字が書き込まれている。]

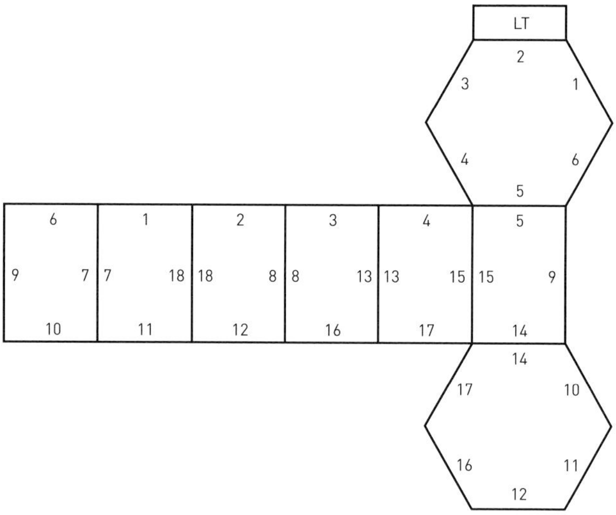

例 2
2つの六角形は、実際には6つある長方形のそれぞれの辺に接合することができる。接合する場所は全ての長方形の辺で同等だが、この展開図は稜線9番が、フタによって長方形がつなぎ合わされる部分で別の9番に接合する例である。この展開図例は、パッケージに印刷を施す場合 (その可能性が高いが)、印刷イメージが箱の「前面」からぐるりと連続したものになるという利点がある。

Step 8:

フタ差込みタブに隣接するフタ部の稜線の番号脇に、T（タブの意味）を書き込む。

この単純なステップで、どの稜線にフタ差込みタブを付けたらよいか、付けてはいけないかを明確にする。すでに書き込まれている番号脇にTの文字をはっきりと書き込む。

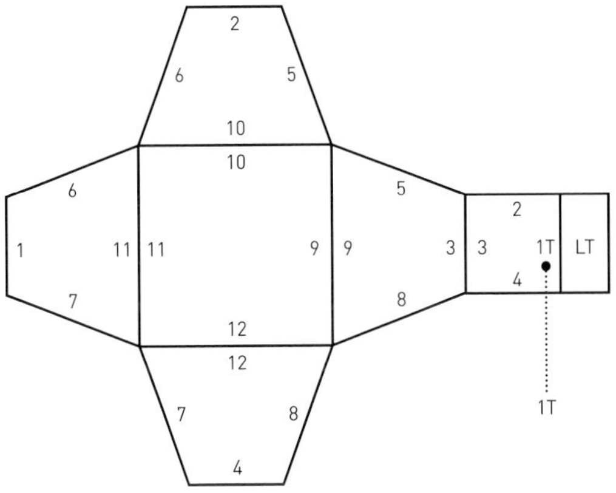

例 1

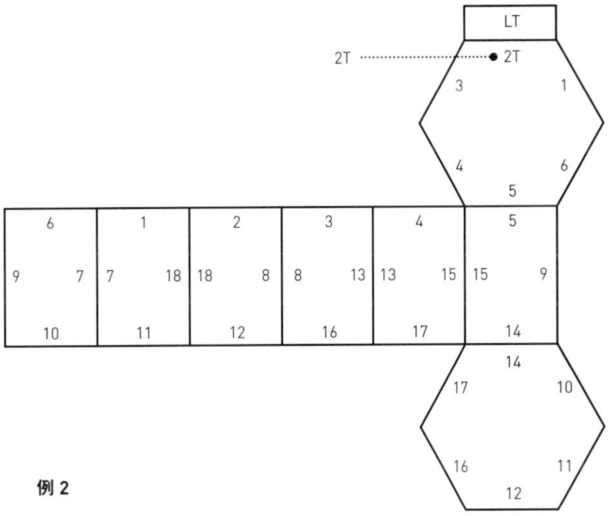

例 2

Step 9:

展開図の外周線の各辺にTかXの文字を書き込めば、残りのタブを付け加える準備が整う。最初のTはすでに書き込まれたので、次の辺にはXを書き込み、この次にはT、その次には再びX…というように、T-X-T-Xのパターンで全ての外周線に文字を書き込んでいく。文字は記入済みの番号の横に書き加えていく。

フタ差込みタブ(すでにTの文字が書き込まれている)と隣り合う外周線の番号脇に、Xの文字を書き加える。次の外周線には2番目のTの文字を書き加え、その次の外周線には2番目のXを加える。このように外形線に交互にTとXの文字を加えていき、T-X-T-X-T-X-T-X…といったパターンを外周線全てに書き込む。番号の脇に文字を加え、例えば4Tや7Xといった形に表記する。この作業を正しく行えば、最後の外周線に書き加える文字はXで、Step 8でフタ差込みタブに書き込んだTの文字の隣にくるはずだ。このように、展開図のパターンには始点も終点もない。展開図は、どんなに奇抜で複雑であっても偶数本の外周線からなるため、このT-Xパターンはどんな場合でもうまくいく。

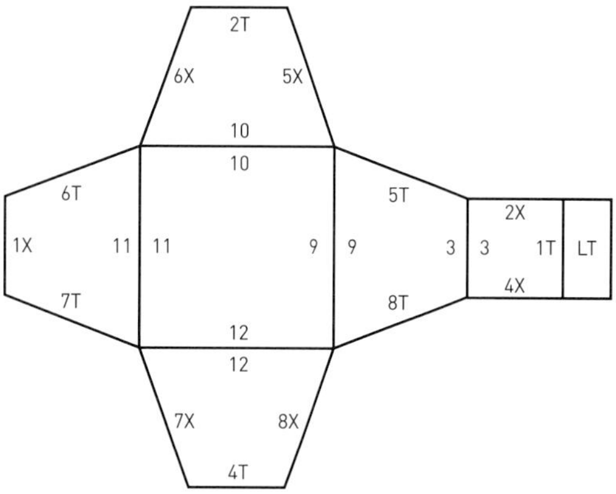

例1 & 2
T-Xタブパターンの完成形を示している。もしStep 4、6でマスキングテープを駄目にしてしまい、番号が読みにくくなった場合には、ここで再度はっきりと書き込んで容易に読めるようにしておく。

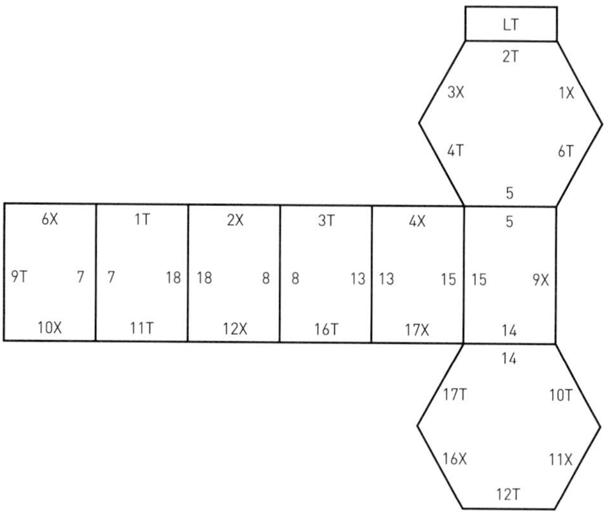

Step 10:

展開図へのタブ付け作業には、2つの要点がある。
最初の要点は、このステップで示す、タブの正確な位置決めである。

フタ差込みタブが付けられた稜線にはTの文字が書き込まれている。残りのタブは全て、Tの文字が記された外周線に取り付ける。これにより、タブは外周線に1つおきに位置することになる。

これは、立体形状に正しくタブ付けをするための体系的な手法において、核となる部分である。2つ以上のタブが互いに隣り合うことはなく、またタブの間に2本以上の外周線がくることもない。1枚の紙をいかなる立体形状に折り上げる場合でも、これまでのステップに従って正しく展開図が作成されているとすれば、タブは最大限の強度を持って形体を固定できる正しい位置に自動的に配置されるはずだ。

フタ差込みタブの位置は、その他のタブの位置を決定付ける。ただ、もしパッケージにフタがなく、その結果フタ差込みタブがない場合は、タブは全てのX外周線もしくは全てのT外周線上に配置可能である。

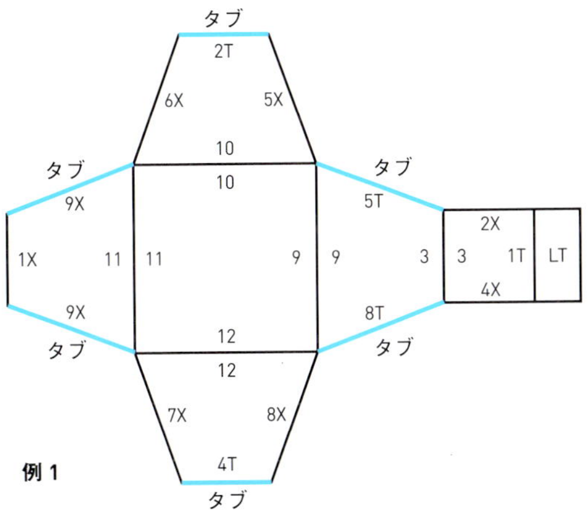

例 1

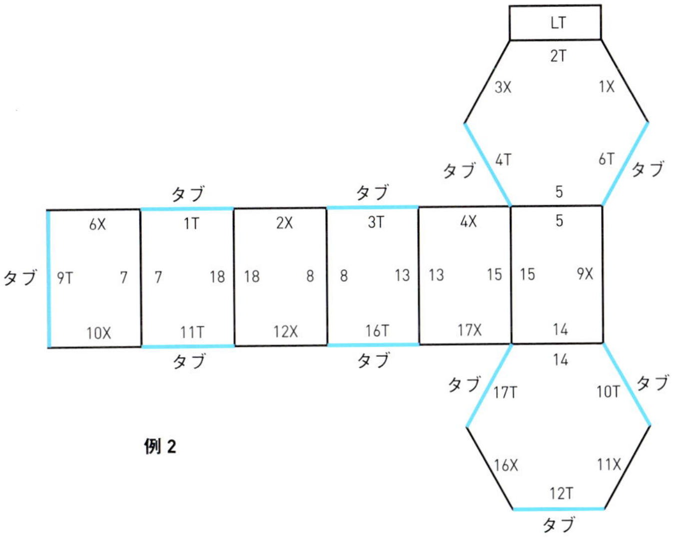

例 2

Step 11:

展開図に正しくタブ付けするための2つ目の要点は、各タブの形状を決定することにある。ここではStep 3で行った、番号ごとのペアリングを思い出してみよう。展開図の外周線の各番号ペアには、例えば4Tと4Xのように、T文字番号とX文字番号が1つずつ含まれている。Step 10では、T文字が書き込まれた各外周線にタブ付けがされた。この後、展開図を折り曲げて組み立てていく際、外周線4T上のタブは外形線4Xの内側に差し込まれることになる。このため外周線4T上のタブは、4Xと書き込まれた外周線の内側部分の面と同じ形状でなくてはならない。この原則は、外周線の全ての番号ペアにあてはまるものである。

最初の要点（Step 10: タブの位置決め）は簡単に理解できるかもしれないが、2つ目の要点（タブの形状）は少々把握しづらいと思われる。各タブの形状は、それぞれ個別に決めなければならないからだ。この作業を簡略化することはできない。全てのタブは丁寧かつ正確に、1つずつデザインしていく必要がある。

ここに、順を追って進める方法を示す。

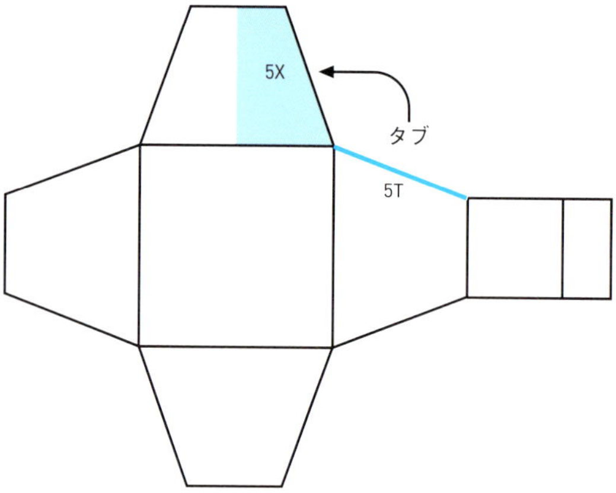

例 1

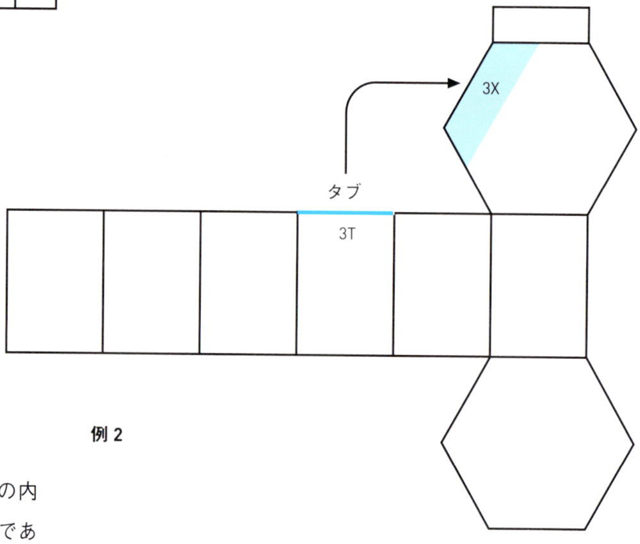

例 2

11.1

外周線Tにつながるタブは、対応する外周線Xの内側部分の面と同じ形状でなくてはならない。必要であれば、外周線Xの両端の角の角度を測定して面の形状を見極め、その後タブの形状を決める。

11.2

これはステップではなく、外周線 X の内側部分の形を外周線 T に接合させる方法を視覚的にイメージするための参考図である。どちらの例においても、この面は元の位置から離れて外周線 X を超え、ペアとなる外周線 T に向かって浮遊しているように見える。

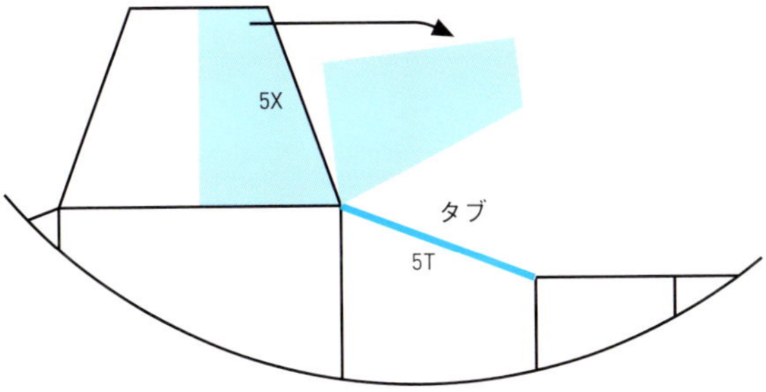

例 1

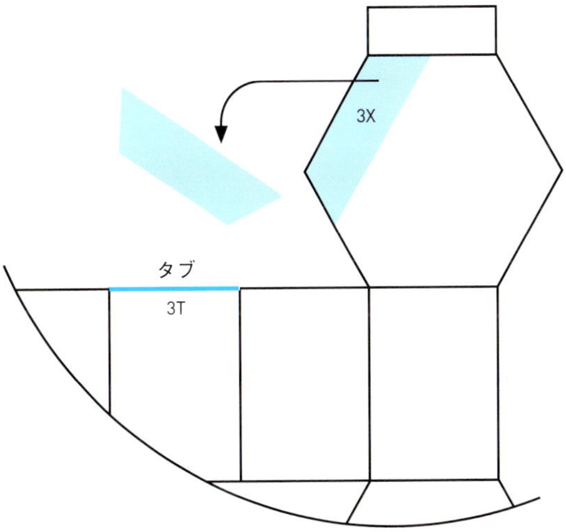

例 2

11.3

これは外周線 X の内側部分の面を、対応する外周線 T にタブとしてコピーしたことを示している。

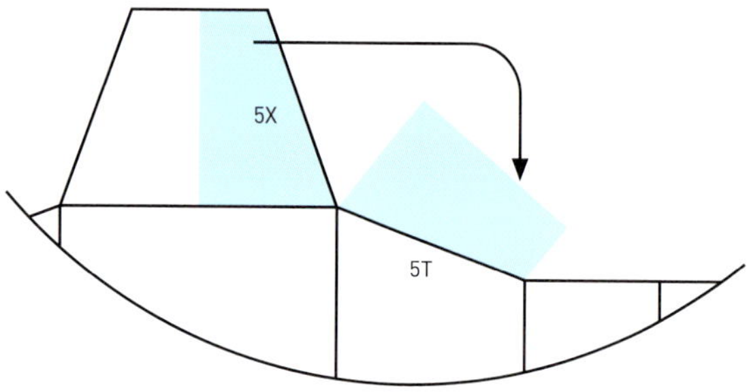

例 1

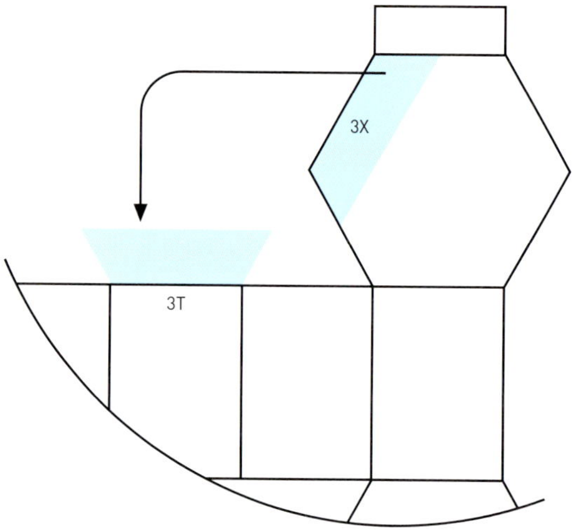

例 2

11.4

タブの形状を紙から切り出し、マスキングテープを前と後ろから貼って、所定の外周線Tにしっかりと取り付ける。注目してほしいのは、例で示したタブが、「浅く」ではなく、かなり「深く」差し込めるよう切り出されている点だ。平面の展開図を折り曲げて立体形状に組み立てる時、タブが対応する外周線Xの内側部分の面とぴったり符合することを確認すること。もし符号しない場合は、タブを取り外して作り直す。

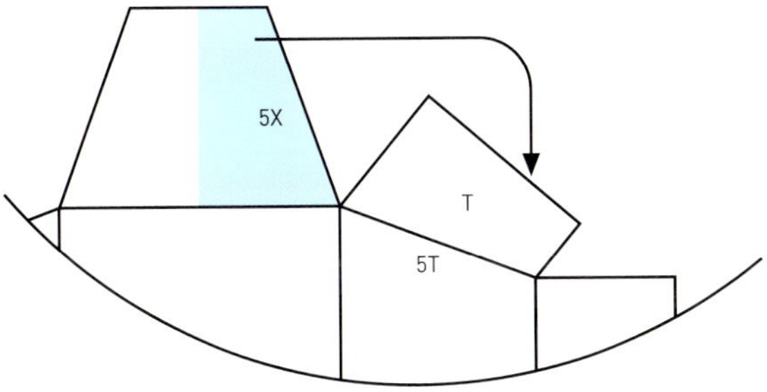

例 1

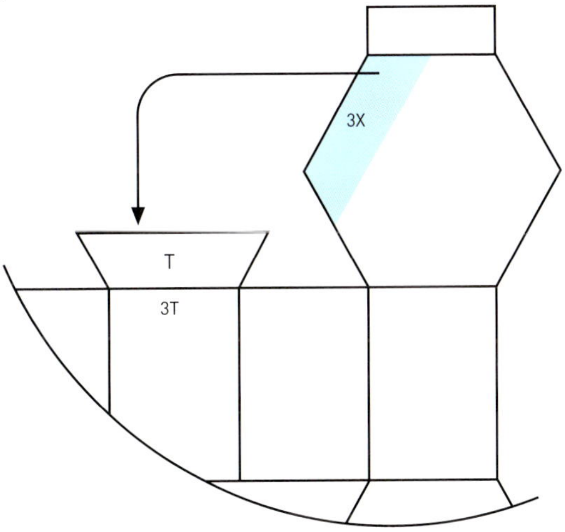

例 2

11.5

残っている全てのタブに対し、同じ手順を繰り返す。箱が複雑で、異なる長さや角度要素が多い場合、これは時間のかかる手順になるかもしれないが、順序立てて正確に行うことが極めて重要だ。時間をかけ、自分のペースでじっくり行ってほしい。

このステップは、展開図作成の体系的な手法において、核となるものである。100パーセントの正確さをもって手順に従えば、驚くべき強度を備えた展開図を作成することができる。たとえ99パーセントの正確さでも、展開図は強度を失う。展開図とは、完璧に正しく申し分ないか、正確ではなく修正が必要かのどちらかだ。

デザインにおいては、完璧という概念はほとんど実例がない。雑誌のレイアウトや、色、生地の選択に関してどうすれば完璧だなどと言えようか？　しかし、パッケージデザインに関して言えば、完璧なデザインは達成可能だし、必要なものである。

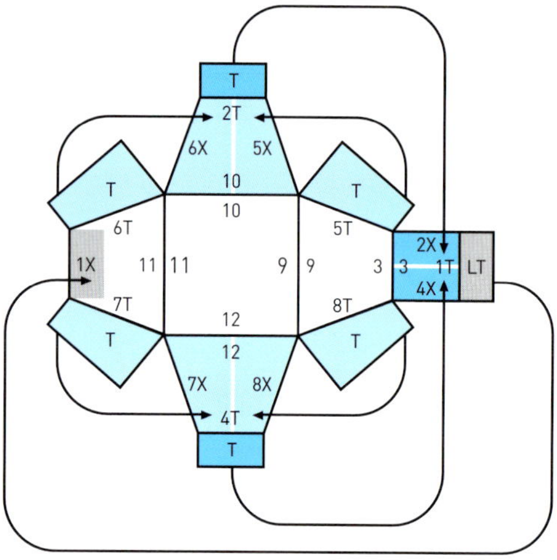

例 1

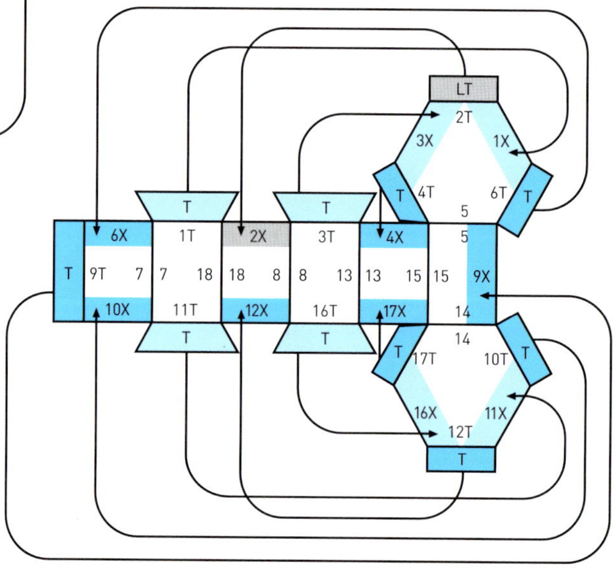

例 2

11.6

これが完成した展開図である。全てのタブの正確さをチェックし、自分が目指したパッケージの正確なコラージュを作り出した自信があるのならば、これを"1枚の紙から" 再度作り上げることができるだろう。

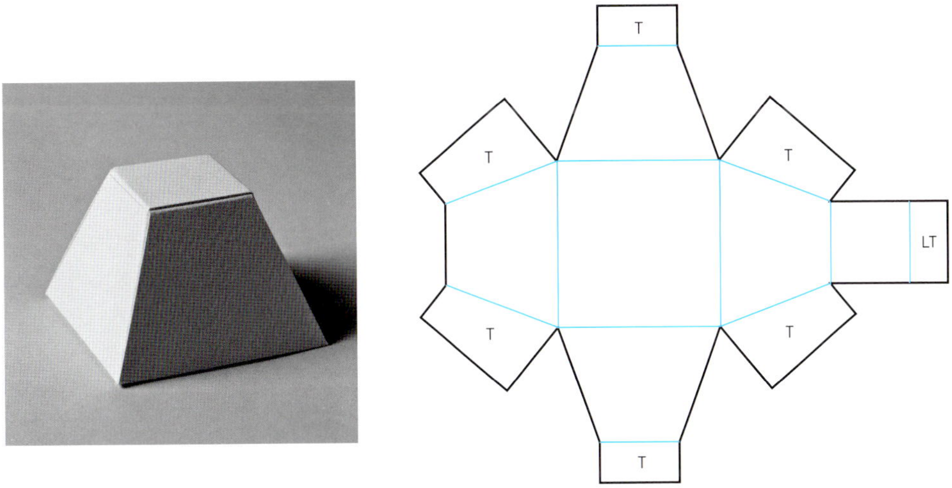

例 1

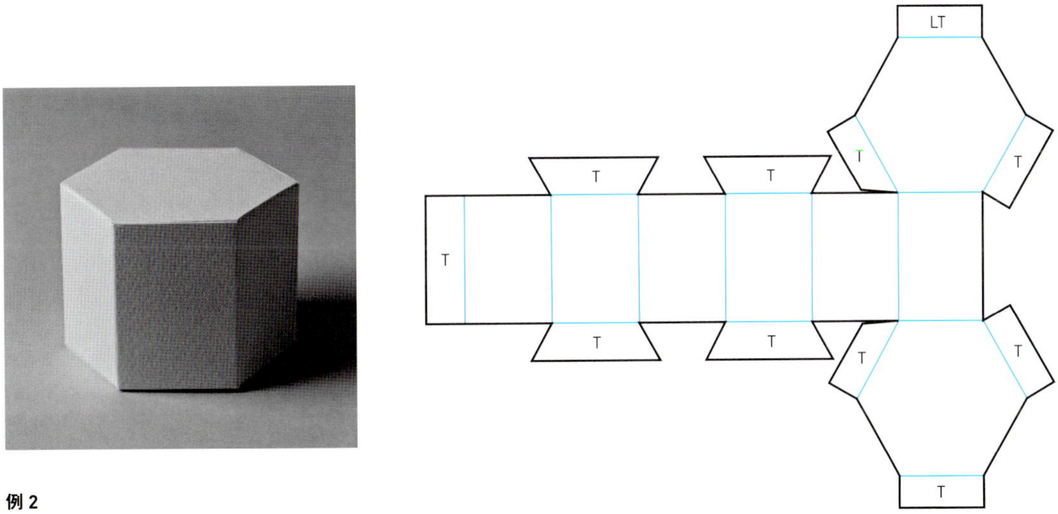

例 2

2.12　トラブルシューティング

これまでのページで説明してきた方法は非常に精密なものであり、ステップを正確に理解し踏襲する必要がある。いかなる逸脱であれ、できあがる展開図の完成度を落としてしまう。ただ、たとえこれらのステップに従っていたとしても、時には小さなミスを犯して、デザインしているパッケージの強度や品質を損なってしまう可能性はある。以下、よく見受けられる問題と対処法である。

Q: Step 7 で、パッケージを切り開いて平面にしたが、品質精度の低い展開図になってしまった。この展開図を改良するにはどうすればよいか？

A: 実際、多くの展開図は Step 7 の段階で多少の改良が必要で、この改良は Step 8 に進む前に行う。展開図を改良する方法は、面の配置をデザインし直すことだ。

展開図を改良する方法として、ここでは、精度の低い展開図をいかに改善できるかを示す極端な例を紹介する。Step 1 から 6 までは正しく制作された細長い直方体の箱を、Step 7 で切り開いて平らにする時に、やり方を誤った例だ。

この箱は、Step 7 における手順指示に反する形で切り開かれてしまった。一番短い稜線を最初に切って、立体形状のパッケージを 2 次元状態の展開図にする代わりに、一番長い稜線を最初に切ってしまった。こうすると、非常に壊れやすい展開図になる上に、これを用紙に写した時には非常に大きな長方形が用紙全体を占め、用紙のほとんどを無駄にしてしまう。結果的に、この展開図から制作されるパッケージは、弱く、かつ高価なものになる。

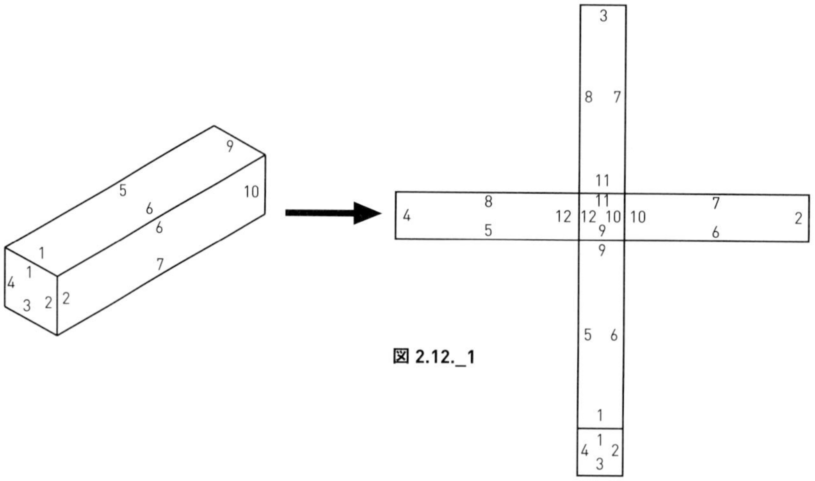

図 2.12._1

以下に示す一連の手順は、どのように面を展開図から切り離し、よりよい位置に取り付け直すことができるかを表している。ここで目指すのは、一番長い稜線をできる限り多くつなぎ合わせ、一番短い稜線を展開図の外周線により多く作り出すことだ。こうすることにより、最も強度が高いパッケージを用紙の最小の面積を使って制作することができ、強度を最大化しつつコストを最小化するデザインが実現する。

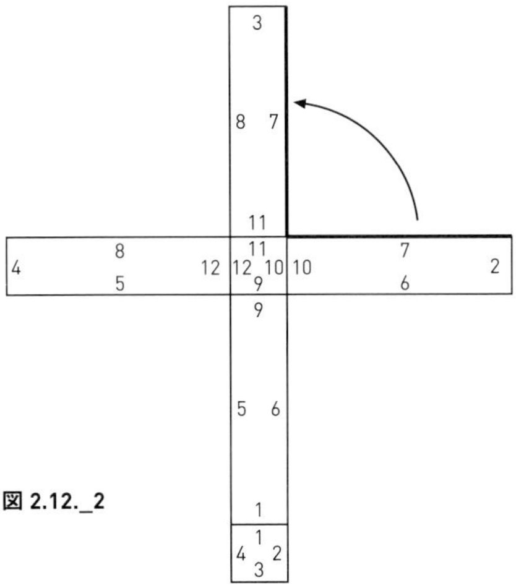

図 2.12._2

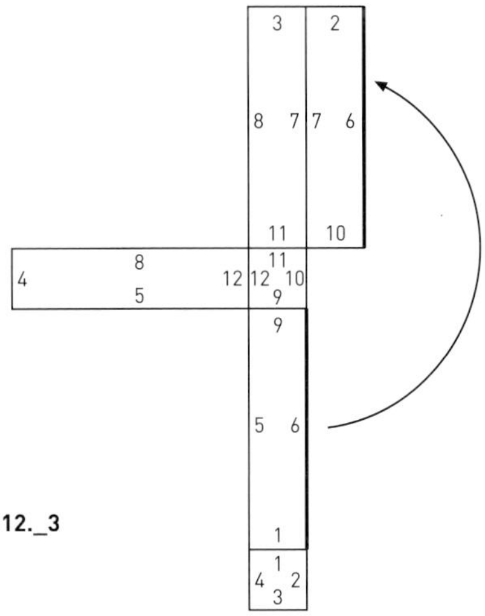

図 2.12._3

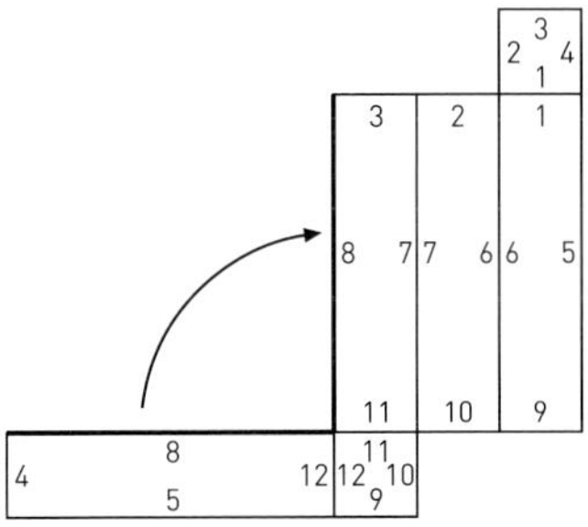

図 2.12._4

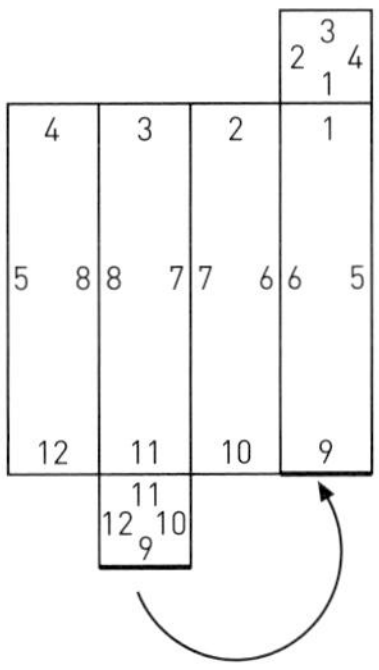

図 2.12._5

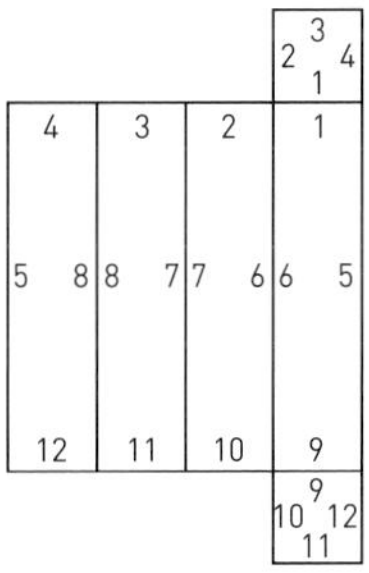

図 2.12._6
この展開図は、これで最大の強度と小型化を達成したので、Step 8-11 の手順に進みタブ付けの作業を行うことができる。

Q: ステップには正しく従って制作してきたが、組み立てたパッケージが保持されない。どうすればよいか？

A: この場合、いくつかの理由が考えられる。1つもしくは複数の理由が組み合わさって問題の原因になっている可能性がある。

1. 精度よく制作されているか？

精度の低いパッケージは、組み立てた時に保持されない。面とタブが正確に作られているか、全ての切断と折りが細部に注意しながら行われているかを確認する。また、紙が薄すぎたり厚すぎたりしないか（この本では250g/m^{2}の斤量の紙を用いている）、折り目に強度がなくペラペラしていないかについても確認する。

2. タブの差し込み時、深さは十分か？

タブがぴったりと内側に合わさるので、パッケージは接着剤なしでも形を保つはずである。タブ両脇の各辺が折り曲げられた稜線の内側と摩擦を起こすため、このタブ両脇の辺が長いほどタブのグリップ力が強まり、箱がよりしっかりと形を保てる。

シンプルな立方体の展開図を2例示す。差込みが深く大きなタブを持つ左の展開図のほうが、浅いタブを持つ右の展開図より相当強度が高い。右の展開図は組み立てた時に保持されないことが考えられる。

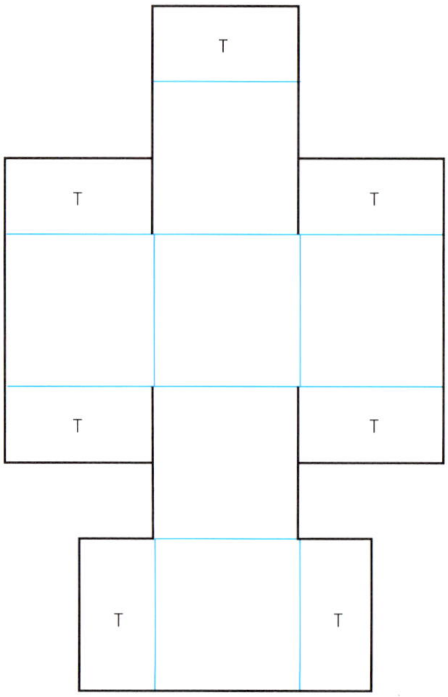

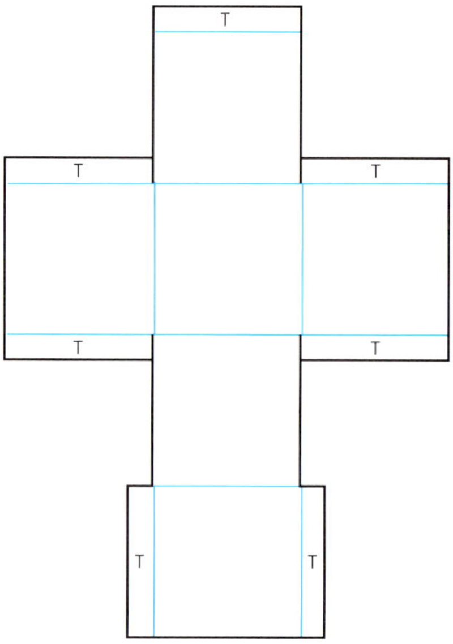

3. 先細り型のタブ

下の 2 例において、タブの角の角度が 90 度の例では立方体は非常にしっかりと保持される。しかし、右の例のようにタブが先細りし角度が 60 度になった正四面体では、タブが正しく位置決めされて正しい形状になっているにもかかわらず、タブによりパッケージを保持できない。

この問題に対処する方法が 3 つある。

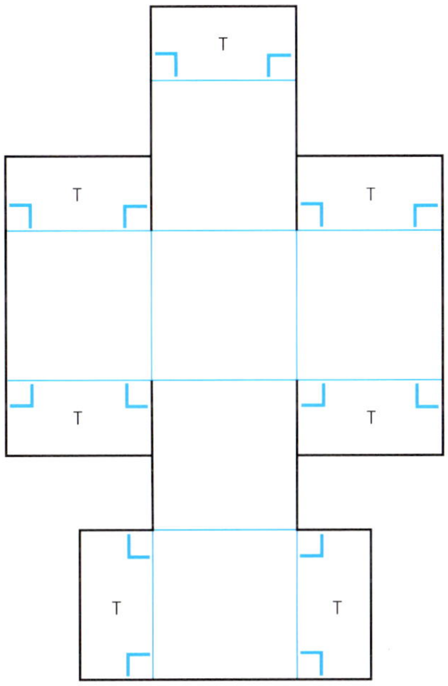

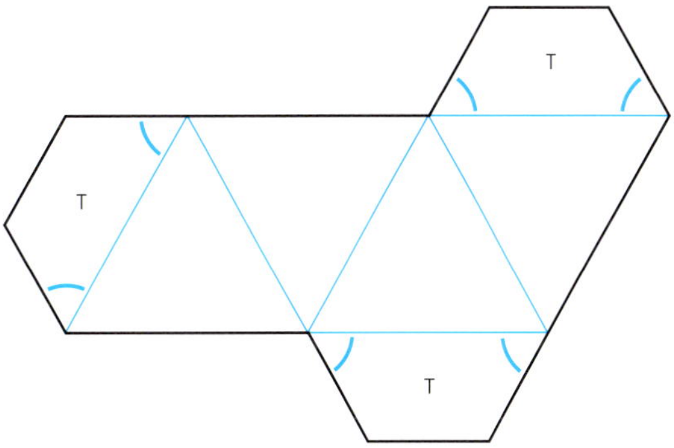

対策 A

タブを接着する！これで完全に固定することができるものの、お勧めの方法ではない。対策 B と C でよりよい方法を示す。

対策 B

先細り型のタブには、“つば＝フランジ” を追加する。この “フランジ” とは、タブの角の角度が 90 度以下の場合に、タブの両端に取り付ける追加の紙片である。このフランジを加えることで、タブがパッケージ内部の他の部分に引っ掛かりやすくなり、正四面体をしっかりと固定する。

以下に、単純な 3 つの側面を持つピラミッド型、正四面体の例を示す。既述のステップに従い、60 度で先細る 3 つのタブを持つ、単純な展開図が描ける。このタブだけでは正四面体は保持されないので、フランジを加える必要がある。フランジのサイズは、パッケージのサイズと紙の重みによる。タブを 30 度広げて 90 度にするだけで十分かもしれない。あるいは、60 度広げて 120 度にする必要があるかもしれない。90 度よりは 120 度にしておいて、不要な部分を後で取り除くほうがよい。小さすぎるよりは大きすぎるほうがよいのだ。

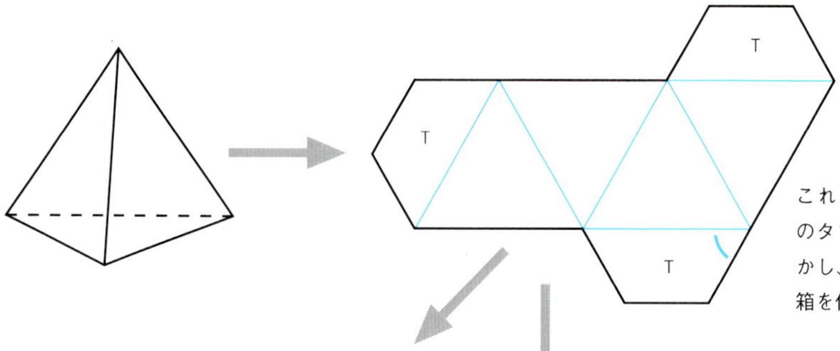

これはちょうど 60 度のタブの例である。しかし、先細るタブでは箱を保持できない。

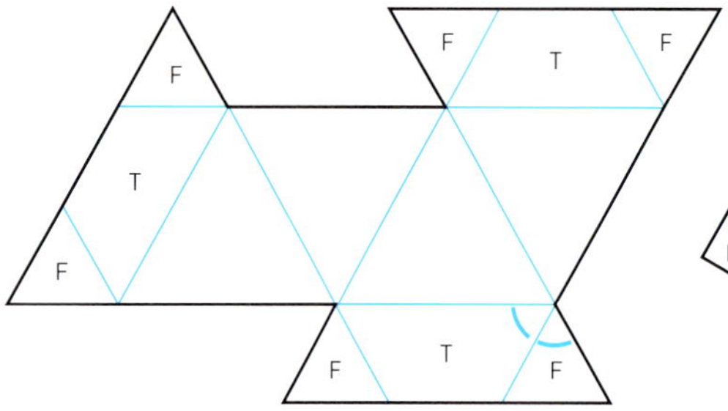

30 度のフランジ(右図)で不十分な場合は、
60 度のフランジで箱が保持される。

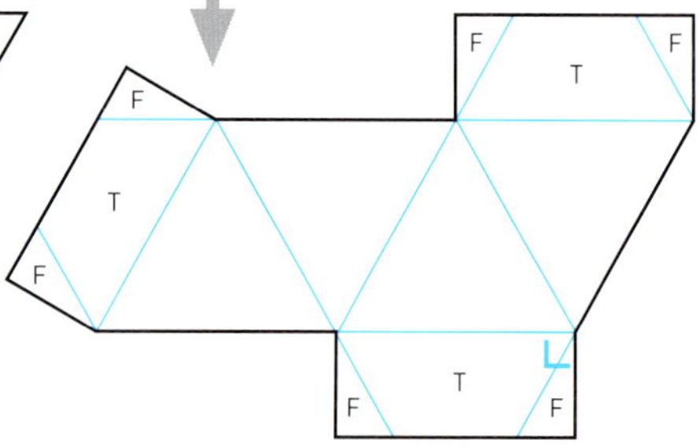

30 度広げたフランジで、十分に箱を保持できるかもしれない。

対策 C

角度が 60 度のタブそれぞれに、“クリック・ロック” (p.70 参照) というものを加える。これは簡単かつしっかりとフタをロックできる方法で、大量生産される多くの直方体状ボックスで目にするものである。この方法なら、先細り型のタブに適用してもしっかりと固定することができる。

Q: 自分がデザインした展開図には、タブを加えるスペースがない。どこにタブを加えればよいか？

A: 複雑な展開図では、外周の各所が混み合いすぎているために、十分な幅と奥行きのある効果的なタブを付けることができないケースがよくある。このような場合には、“トラブルシューティング”の最初の解答(p.32 参照)に従い、平らにした展開図の周りで面を動かしてみるとよい。一番長い稜線をつなげたままにし、フタ差込みタブを正しい位置に維持することに留意する。タブを省略したり、不正確で改良が必要にもかかわらずそのまま放置するようなことは避ける。

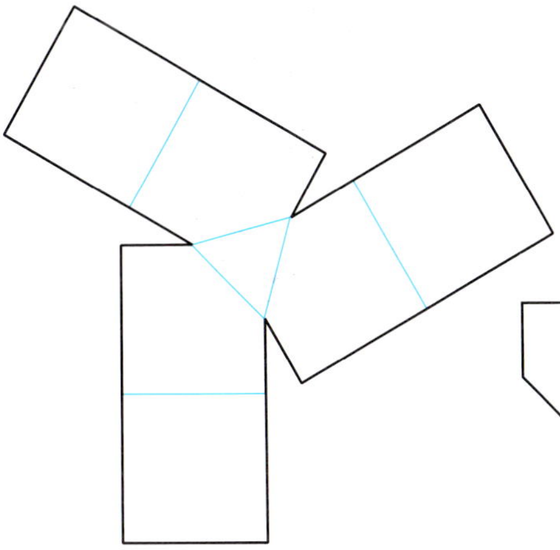

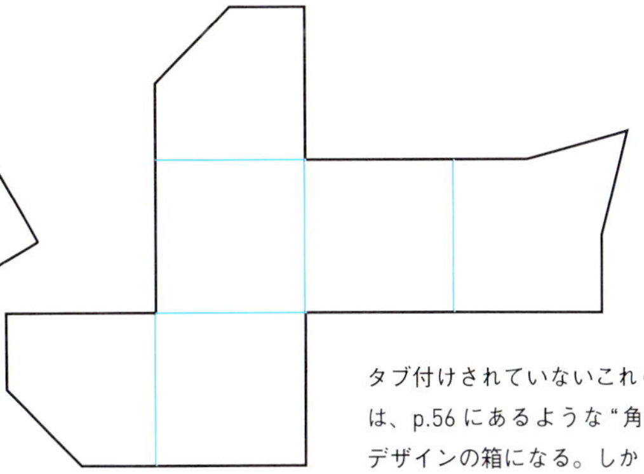

タブ付けされていないこれら 2 つの展開図は、p.56 にあるような“角を削り取った”デザインの箱になる。しかし、左の展開図例では三角形の周りが非常に混み合っており、この位置に取り付けるタブは小さく組み立て強度の低いものになってしまう。右の展開図例は、外周にも十分なスペースがあり、タブの形状や組み立て強度を損なうことなく付け加えることができる。

Q: ほとんど全ての稜線が同じ長さになっている。Step 7 で、どれを先に切ればよいか。またその理由は？

A: もし稜線を切り離す際に選択肢が多い場合、以下の基準を適用して選択肢を狭めるとよい。

1. 用紙上で最も小さな面積を占める展開図になるよう切り開く。これにより紙の使用量が減り、パッケージを製造する際に安価になる。

2. 展開図の周囲に、全てのタブを付け加えるのに十分なスペースを残すよう切り開く(これについては、本ページ冒頭の質問に対する答えで触れた)。これによりパッケージの強度が増す。

3. 展開図を、任意の位置からではなく、左右対象の順序で切り開く。通常、この方法により展開図の組み立て強度が高まり、コンパクトになる。

4. 重要な稜線はつなげたままにしておくことで、展開図表面に印刷を施した場合に、面と面をつなぐ折り目をまたいで図案がひと続きになる。これによりパッケージ表面の図案の見た目が向上する。

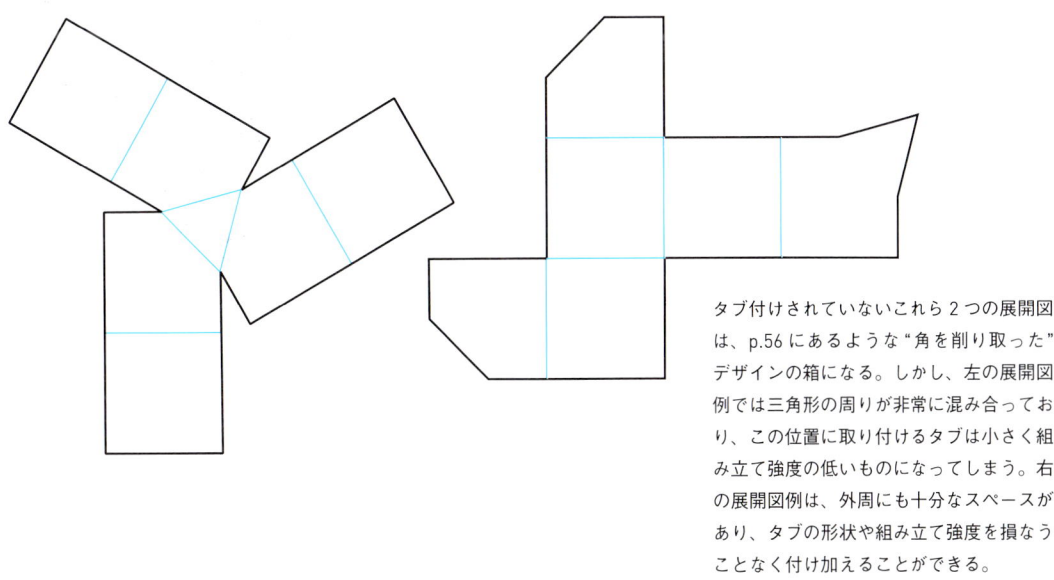

3:

基本の角箱

SQUARE-CORNERED BOXES

はじめに

角箱は、現代の暮らしにおいて毎日のように、またどこででも目にする定番ともいえるものだが、それゆえ、注意を向けられたり賞賛の的になったりすることはほとんどない。

しかし、角箱はデザインの古典ともいえる傑作なのだ。立体に容易に変形できる／角箱の展開図は用紙をほとんど無駄にしない／機械で組み立てられる／平らに保管しておき、すぐに組み立てられる／3 次元的な組み上げが容易であり、輸送や保管、展示などのコストが低い／印刷可能な平らで広い表面を持つ／そして、役目を終えてもリサイクルが可能である。

この章では、側面の寸法やフタの位置と向きが異なる基本的な角箱のデザイン例を 10 通り紹介する。

角の角度が全て 90 度であるということは、制作する上で最も単純な箱であることを意味する。そこで、まずはこのタイプの角箱を取り上げ、章が進むにつれて、次第に複雑性と独創性を増していくようにする。

ここでは、読者はすでに第 2 章を読み、展開図作成とタブ付けの手法を理解しているものとして話を進める。この章で紹介するフタでは全て、角に丸みのない単純な直角型タブを使用している。しかし、場合によっては角の丸いタブや、クリック・ロック（p.70 参照）、ベロ式ロック（p.72 参照）を利用して、よりしっかりとフタを閉じたいと思うかもしれない。また、全ての展開図には接着タブ（p.68 参照）が示されている。これらの箱は接着しなくても非常にしっかりと保持されるが、接着せずに組み立てた場合、フタが一度緩められると一気に分解することがある。

3.1 どの展開図を選ぶか

合計 6 つの正方形か長方形を組み合わせてできる角箱は、左右対称のものや回転したものを除くと 11 通りの構成方法がある。またタブ付けを行うと、タブを T と X の辺 (p.24 参照) のどちらに取り付けるかによって、構成方法は 2 倍の 22 通りになる。

どの展開図が最適か？　この問いに対する答えは 1 つではないが、次の基準に沿って考えた場合、11 (あるいは 22) 通りのうちの多くはすぐに対象外になる。

どの面がフタで、どの辺がフタ差込みタブになるか？　印刷するイメージや図がひと続きになるように、いくつかの面が切断されずつながったままになっている必要があるか？　展開図がコンパクトにまとまり、可能な限り強い組み立て強度を有しているか？

下の 11 の図は、立方体や正四角柱を形成する、タブ付けされていない 11 通りの展開図である。いくつかは見たことがあるかもしれないが、使われることも目にすることもほとんどないものもある。注目してほしいのは、各展開図において、切りっぱなしの辺が 3 本あり折れ線が 1 本しかない正方形が少なくとも 2 つはあるということだ (いくつかの展開図にはこうした正方形が 3 つか 4 つある)。このうちの 1 つの正方形をフタにする必要がある。

3.2　基本的な立方体の箱（A × A × A）

立方体は、6 つの同じ正方形による面からなる。高さ、幅、奥行きの 3 つの寸法において、稜線の長さは全て等しい（A）。よって立方体は A × A × A 形状と表現できる。

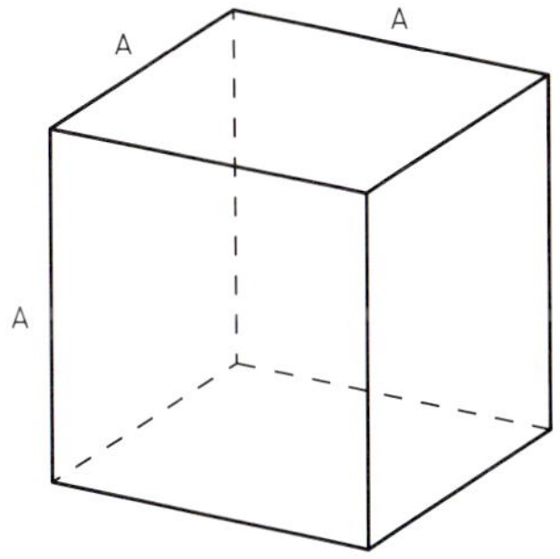

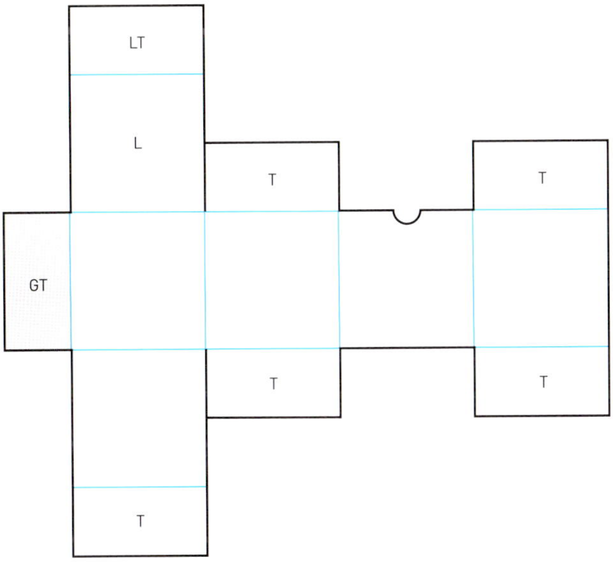

これは、第 2 章で説明した手法に従って作成できる立方体の展開図の一例である。

3.3　正四角柱の箱 (A × A × B)

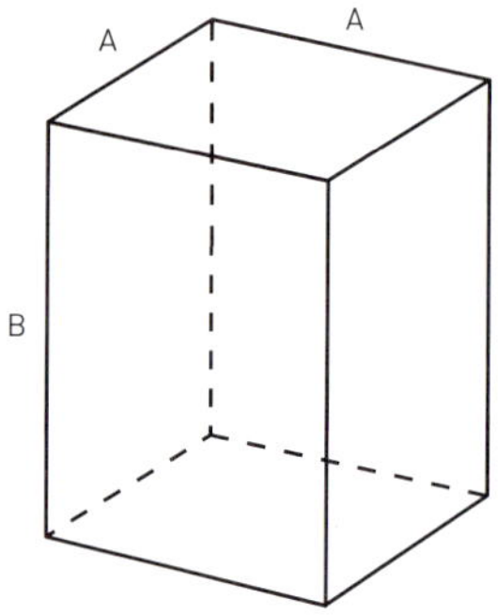

正四角柱は正方形の切断面 (A × A) を持つが、第 3 の寸法 (B) は A より長くても短くてもよい。A × A × B 正四角柱の箱には、フタの取り付け位置と向きの違いにより 3 種類の基本形があるが、B の長さは決まっていないため、これらの基本形には多くのバリエーションがある。

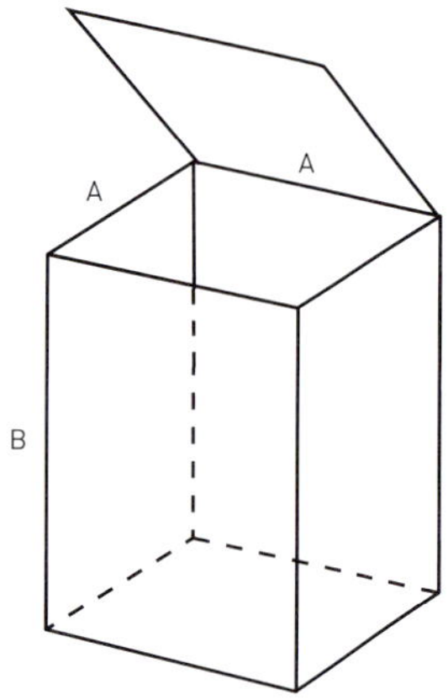

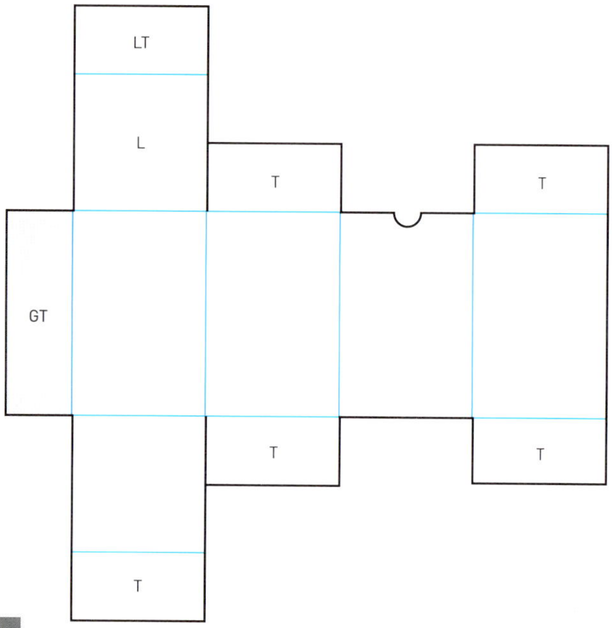

3.3.1　A × A フタ

この構成による A × A × B 箱は強度があり安定しているが、B が著しく長くなった場合、箱の強度を保つためには接着タブを加えることが必須となる。B が A よりも短くなると、フタが正方形の平たく重心の低い箱ができる。

3.3.2 Bヒンジの A × B フタ

この例のように前面に長い縁辺を持つフタの場合、フタをしっかりと閉じるためにクリック・ロック（p.70参照）の適用をお勧めする。もしフタ差込みタブの前面にくる切りっぱなしの辺がたわみすぎる場合には、ベロ式ロック（p.72参照）がよりよい選択肢かもしれない。

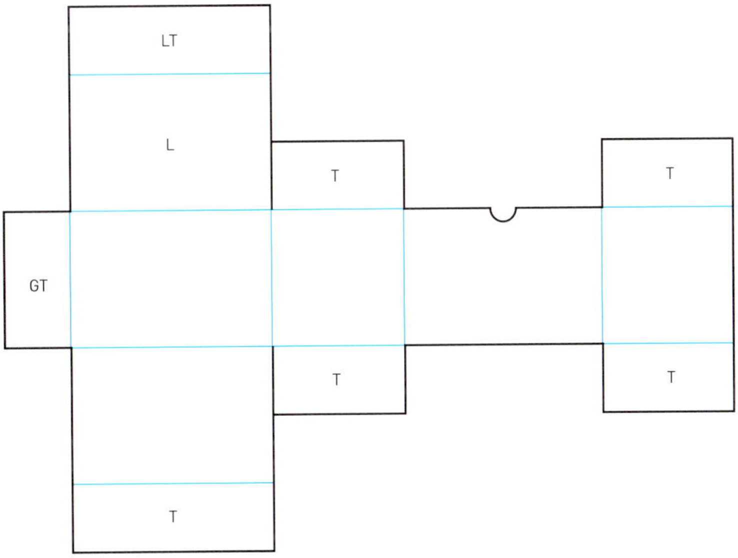

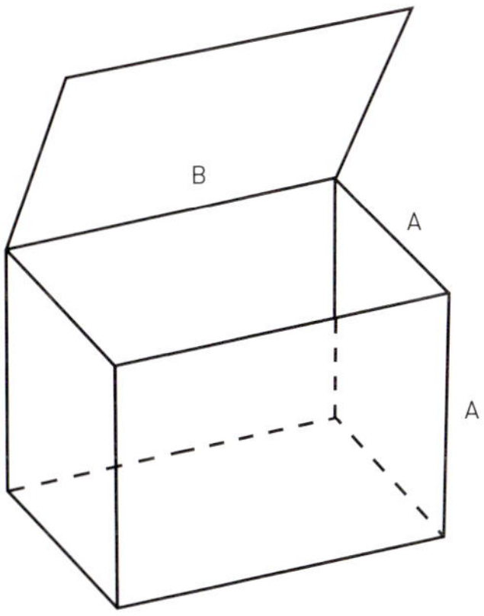

3.3.3　A ヒンジの A × B フタ

3 つの A × A × B 構成の中で、この例が最も望ましくない例である。細長いフタの開口部は損傷を受けやすい。さらに、展開図をコンパクトにするために、箱の底面を展開図に横向きに配置し、底面の長辺を展開図の本体部分につなげている。これにより、もし接着タブを加えた場合、箱の底面周りにあるタブはかみ合わせることが難しくなる。解決策は、箱の底面がフタと鏡像状になるように展開図を構成し直すことである。

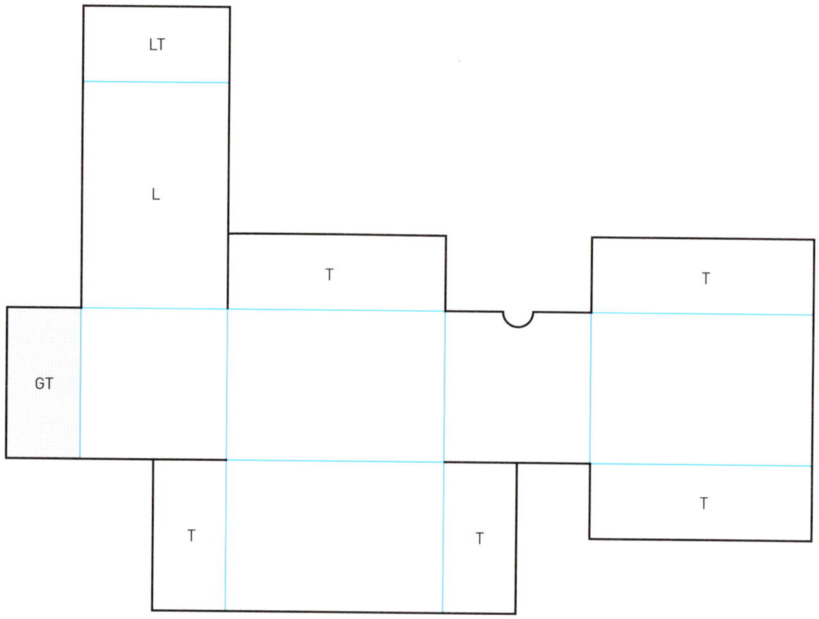

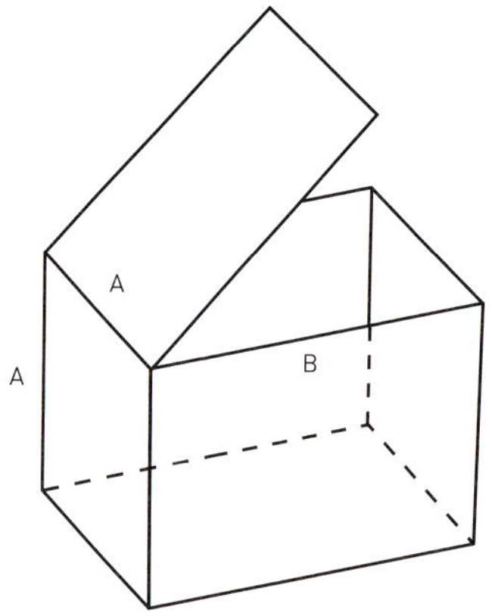

3.4　直方体の箱（A × B × C）

直方体の箱では、高さ、幅、奥行きの3つの寸法が全て違う長さになっているため、全ての面が長方形であり、向かい合う面は同じ長方形になっている（形状と寸法が同一）。3つの異なる長方形の、長辺もしくは短辺のいずれにフタヒンジを設けるかによって、フタの取り付け方は6通りになる。それぞれ異なる長さからなる3つの辺により作成可能な展開図の数は膨大になるが、これらは全て、この後のページに示される6つの展開図例のバリエーションにすぎない。これらの展開図は繰り返しのように見えるかもしれないが、よく検討すると微妙な違いがあることが分かるだろう。これらはパッケージデザインを学ぶ上で最も基本になるため、十分に検討する価値がある。ここで示すいくつかのフタにおいては、箱のサイズや使用する素材次第で、クリック・ロック（p.70参照）やベロ式ロック（p.72参照）の追加適用が効果的だ。

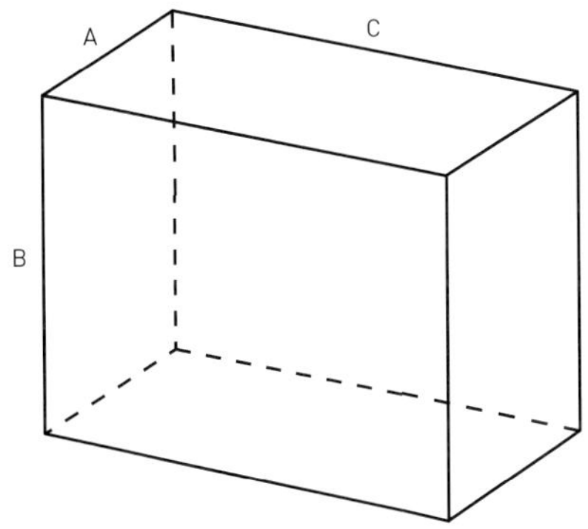

3.4.1 A ヒンジの A × B フタ

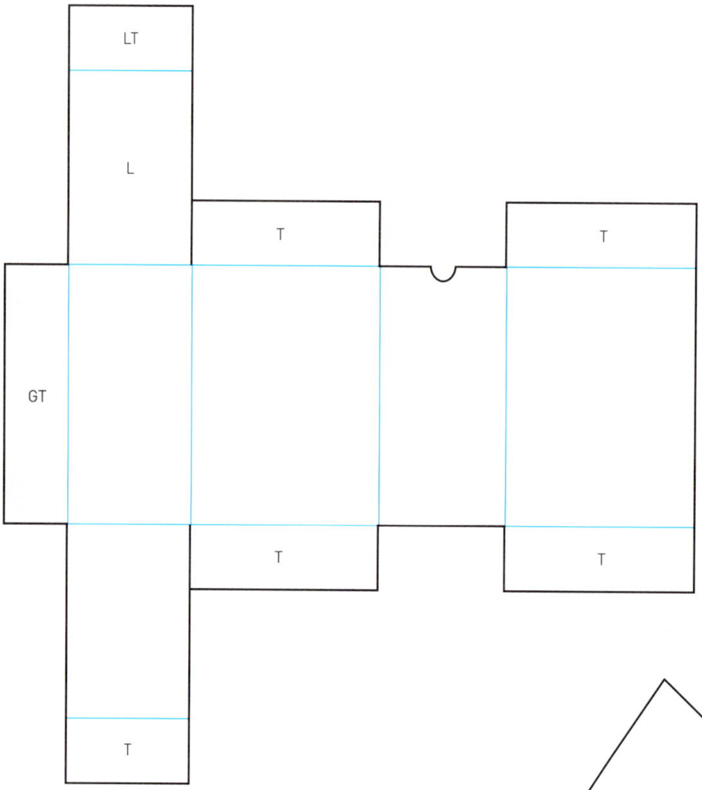

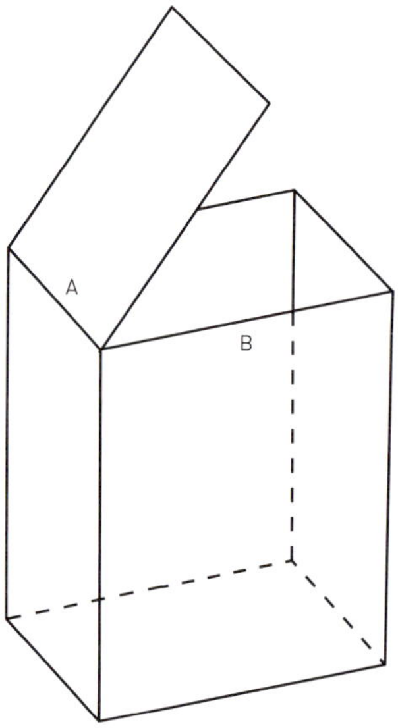

3.4.2　B ヒンジの A × B フタ

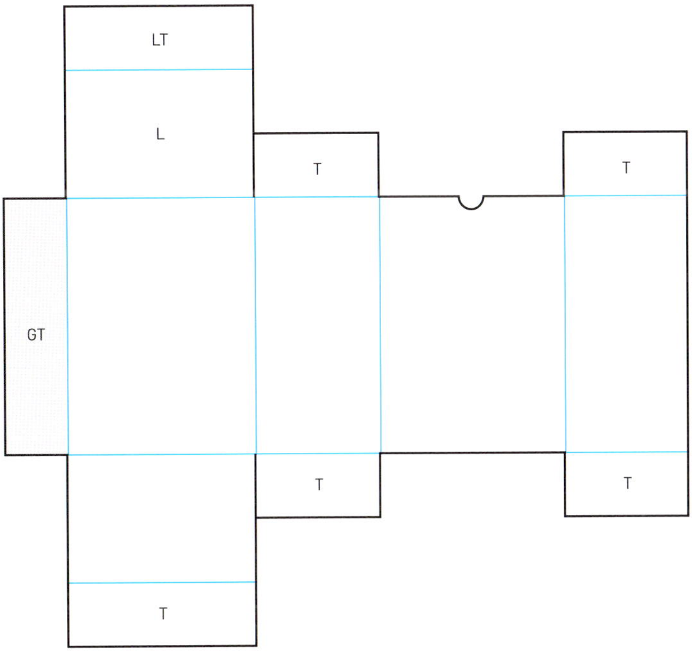

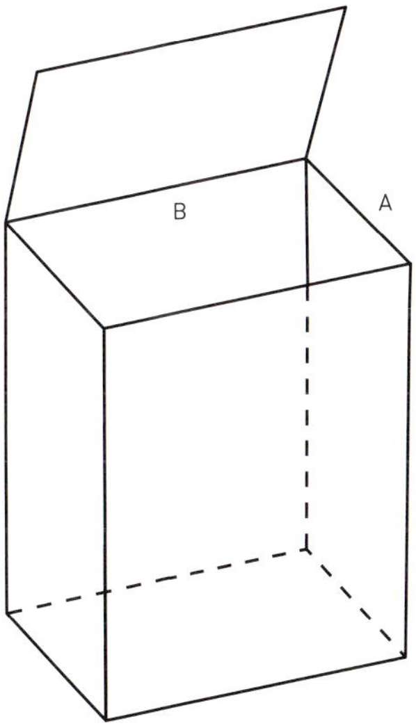

3.4.3　AヒンジのA×Cフタ

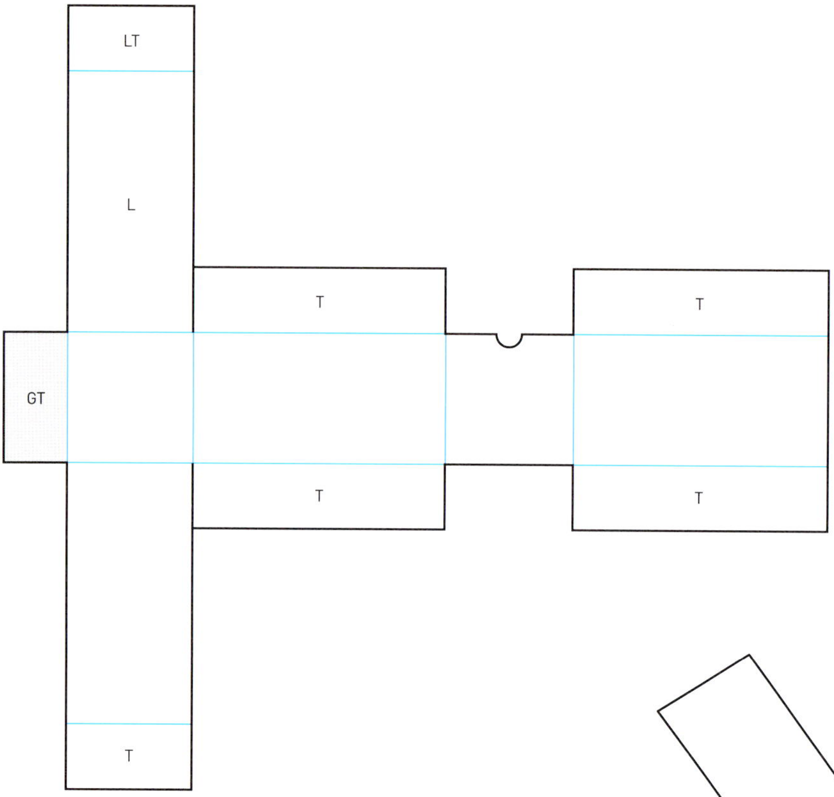

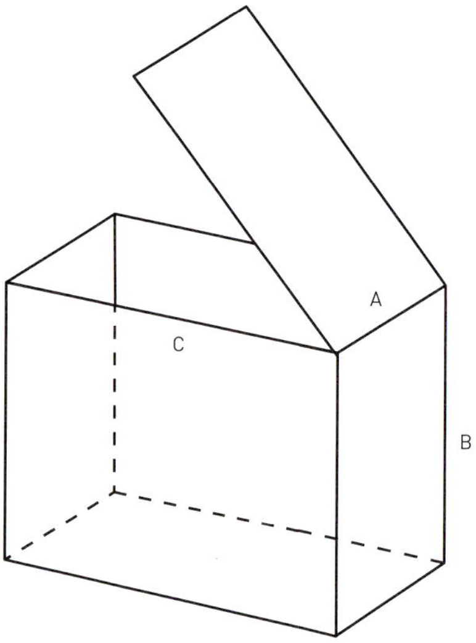

3.4.4　C ヒンジの A × C フタ

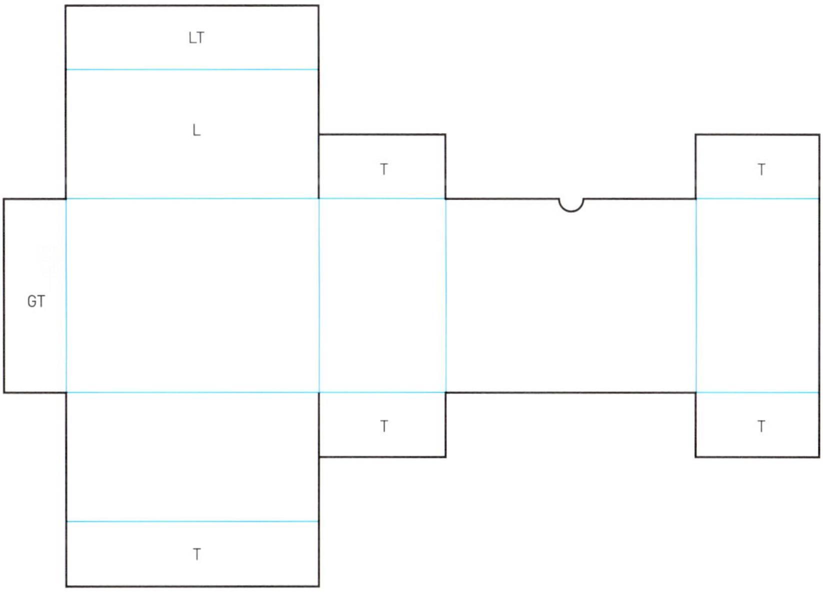

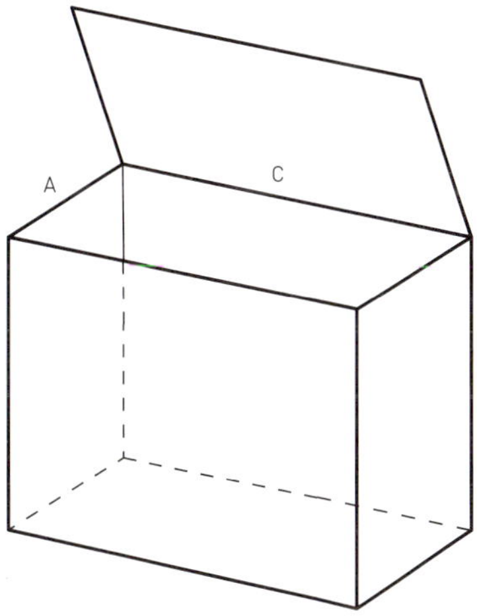

3.4.5 B ヒンジの B × C フタ

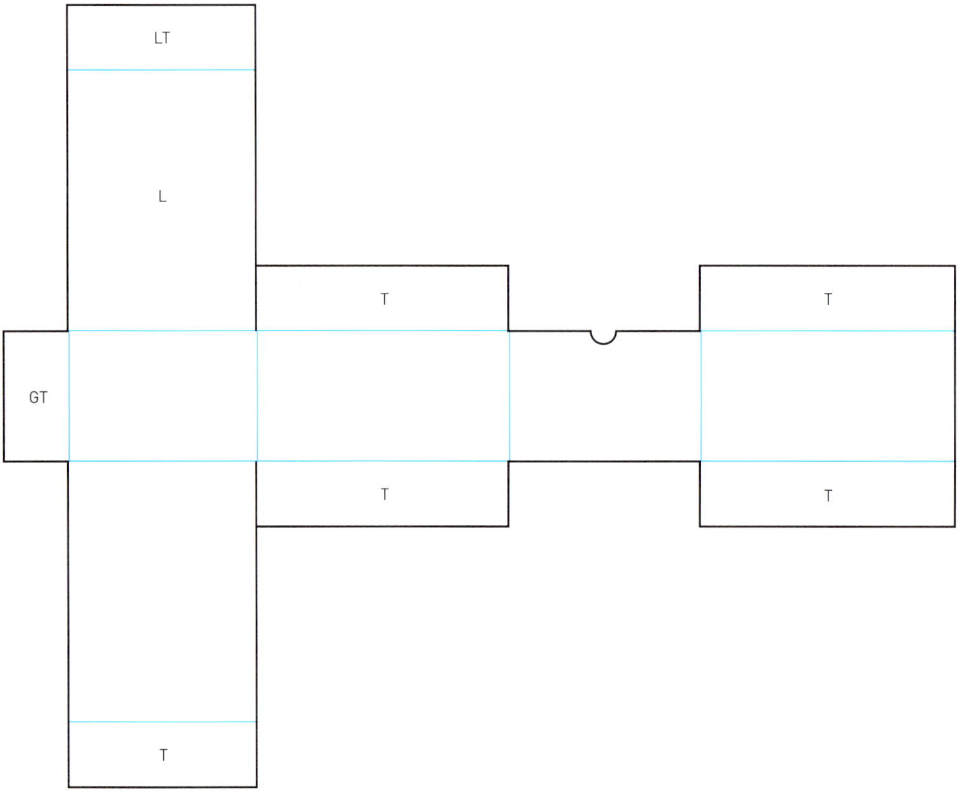

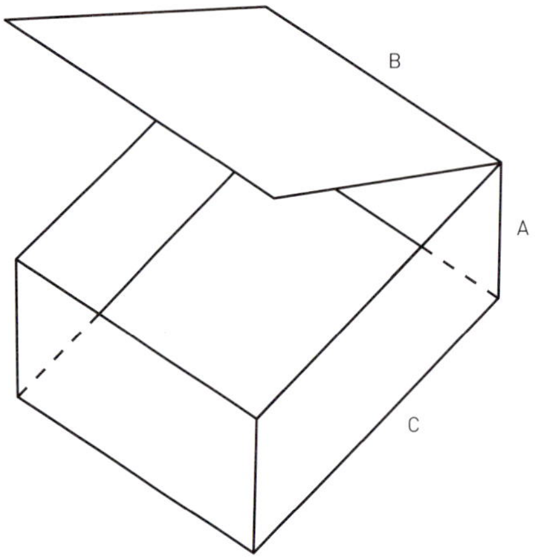

3.4.6 C ヒンジの B × C フタ

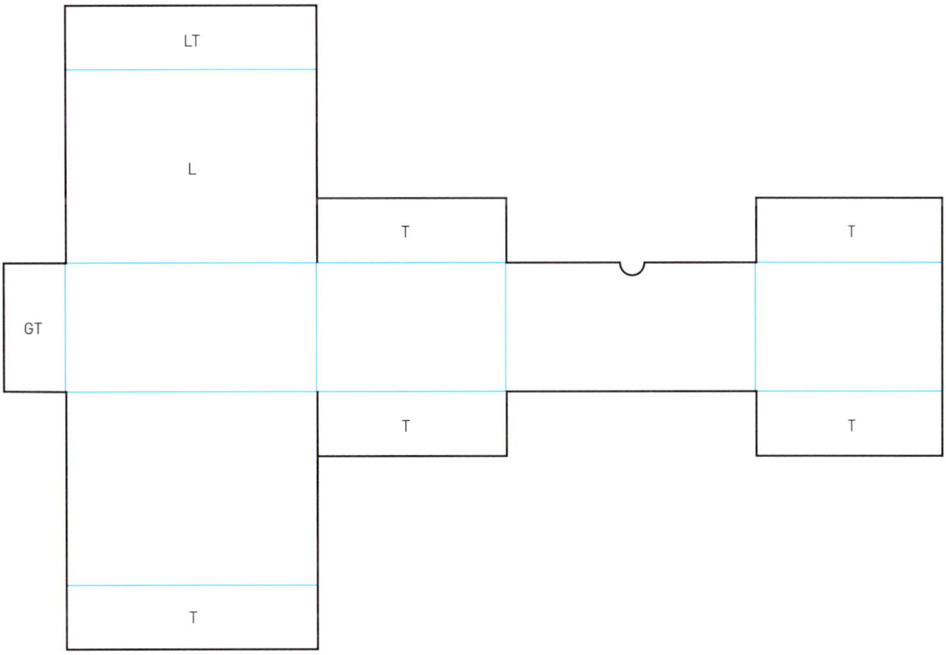

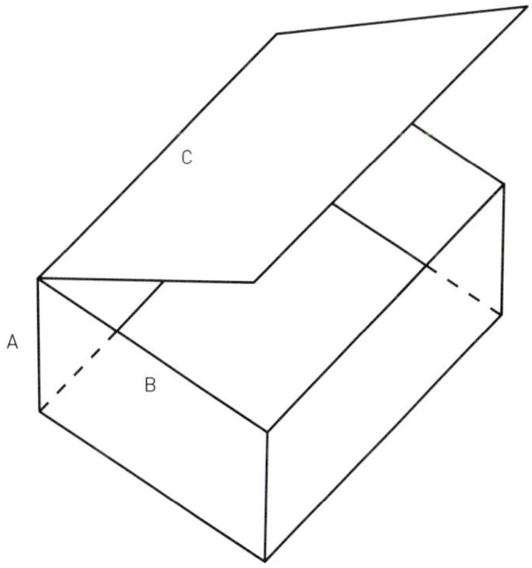

4:

立方体のデフォルメ

DEFORMING A CUBE

はじめに

立方体は、非常に簡単な方法の数々により、パッケージに適した形状へとデフォルメが可能である。構造的パッケージングのほとんどにあてはまることだが、立方体の重要な要素は次の３つである：

— 面
— 辺・稜線
— 角

立方体が固形の木材でできている様子を想像してほしい。この木製の立方体を、小さくもしくは大きく、左右対称もしくは非対称に、１つあるいは２つ以上の面や辺や角を研磨して削り出すと、一連の多様な新形状を作り出すことができるだろう。これにより作り出された形状は、第２章で説明した方法に従ってそれぞれ展開図に作り直すことができる。

さらに立方体が固形ゴム製だと想像すれば、向かい合う面どうしや稜線どうし、角どうしをつないだ軸に沿って引き伸ばしたり、押し縮めたり、ねじったりして、さらに変形していくことが可能だ。

そして最後に、直線状の稜線をカーブ状の稜線で置き換えることもできるため、場合によっては平らだった面がカーブした面に変形することもある。

この章では、前述の発想による最も基本的な立方体の変形方法を紹介する。これらの原則を理解すれば、立体幾何学や多面体の知識がほとんどなくても驚くほど簡単に新しい形状を作り出すことができるようになる。

この章では、読者はすでに第２章を読み、どのように展開図が作成されるか、特に面どうしの関係に基づく展開図の構成と、タブの位置決めや形状についての手法を理解しているものとして話を進める。場合によっては、クリック・ロック（p.70 参照）やベロ式ロック（p.72）、接着タブ（p.68）の適用が有効な展開図もある。

どんな形状であれ、フタを付ける位置に制約はない。各形状において、フタは、いくつかある面の１つに、様々な向きや方向で取り付けられる。そうした例を全て紹介すると紙面をとりすぎてしまうので省略するが、フタを自分の望む位置に取り付けるには、第２章で説明した展開図作成の方法に従って展開図をデザインし直すだけで足りる。

ただ、少なくとも１つの基本的な変形例の紹介をここでは省いた。それは第２章にある角錐台（この章で触れるべきものではある）だが、もしこの形状を作成しているのであれば、第２章を再度参照してほしい。

4.1　面を削り取る

立方体の１つの面を角度を付けて削り取ると、傾斜のある上面ができる。傾斜の角度は、この例より緩やかでも急でもよい。この傾斜面を手前あるいは後方に傾けると、より複雑な傾斜面ができる。

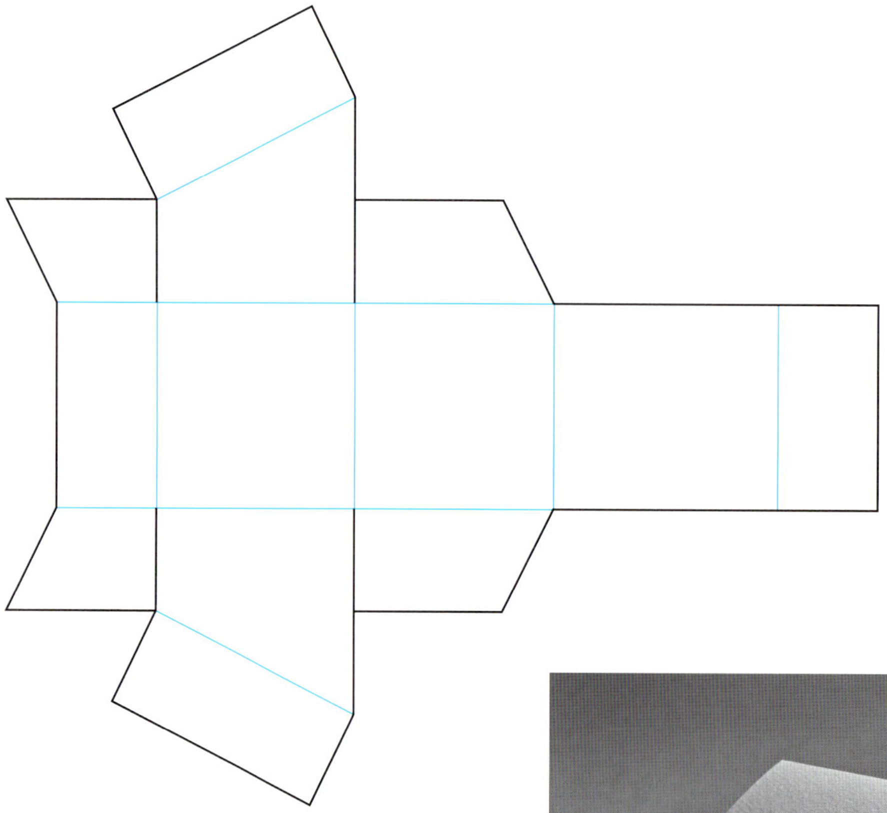

4.2　稜線を削り取る

立方体の稜線の１つを削り取り、新しい面を１つ作る。削り取る量については、この例より少なくても多くてもよい。面を手前か後方に傾けることもできる。

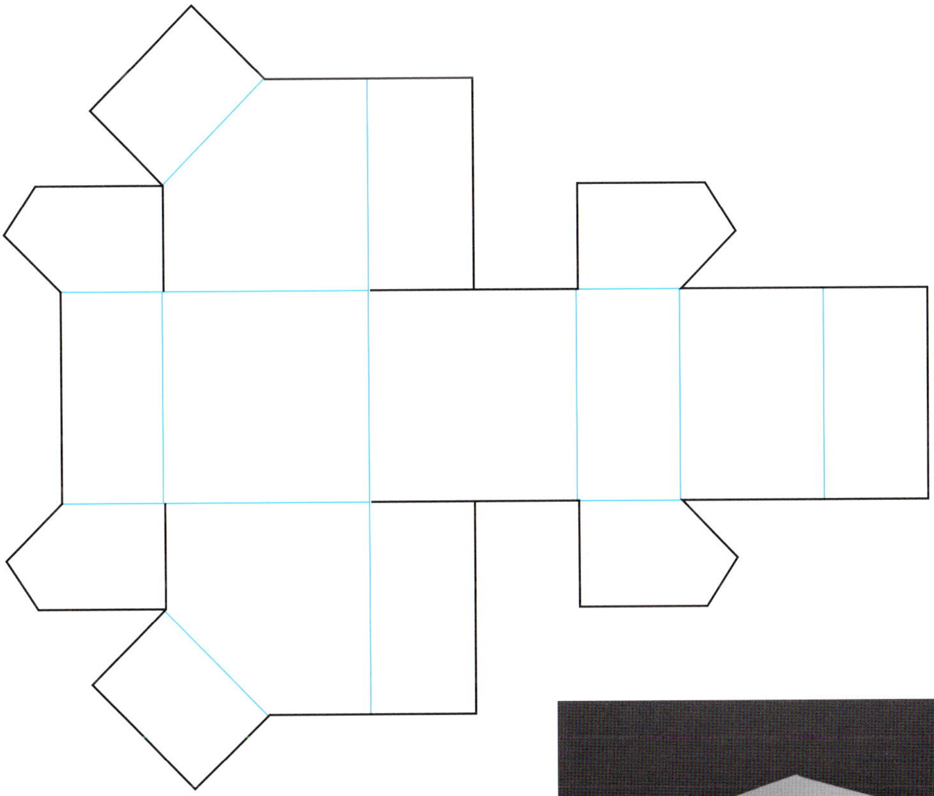

4.3　角を削り取る

立方体の角の 1 つを削り取り、新しい面を 1 つ作る。これはちょっと特殊な例だが、新しく生成される面が正三角形になっている（全ての角の角度が 60 度）。4.1、4.2 同様、削り取る量についてはこの例より多くても少なくてもよく、また生成される三角形は正三角形でなくてもよい。独特の彫刻的な効果を確認するために、この三角形の面で立方体を立たせてみるとよい！

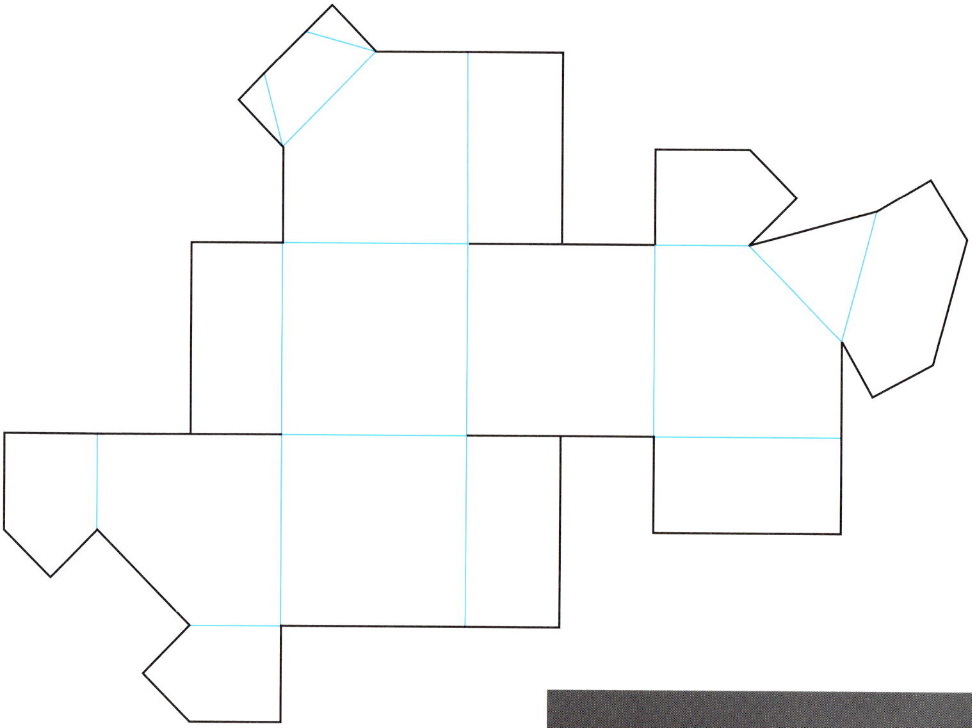

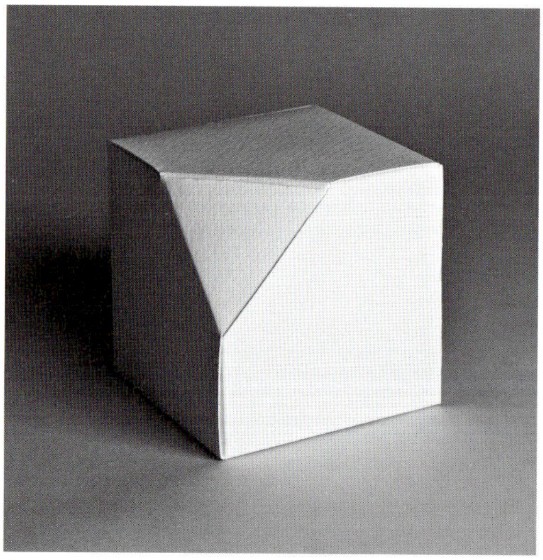

4.4　稜線と稜線の間を引き伸ばす

固形ゴム製の立方体は、向かい合う稜線どうしを掴んで引っ張ると引き伸ばすことができる。この結果できあがるのは、この例が示すような傾いた箱である。

4.5　角と角の間を引き伸ばす

4.4 に似た方法になるが、固形ゴム製の立方体は向かい合う角どうしを掴んで引っ張っても引き伸ばすことができる。この結果できあがるのは、この例のような単純な立体菱形である。これは遠近法の法則に反した、非常に謎に満ちた形状でもある。

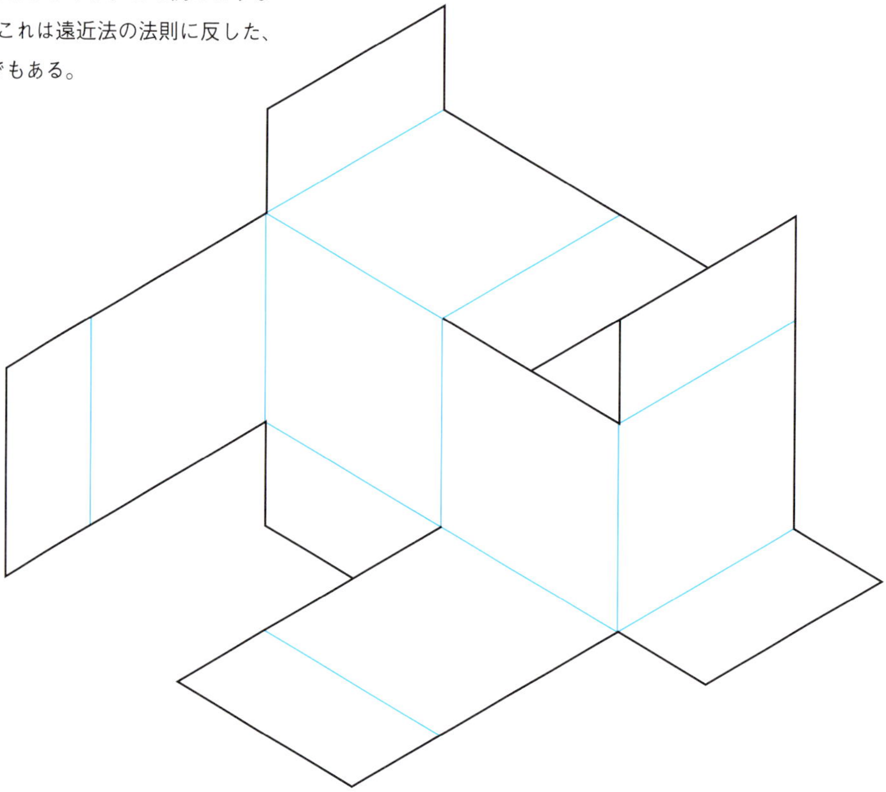

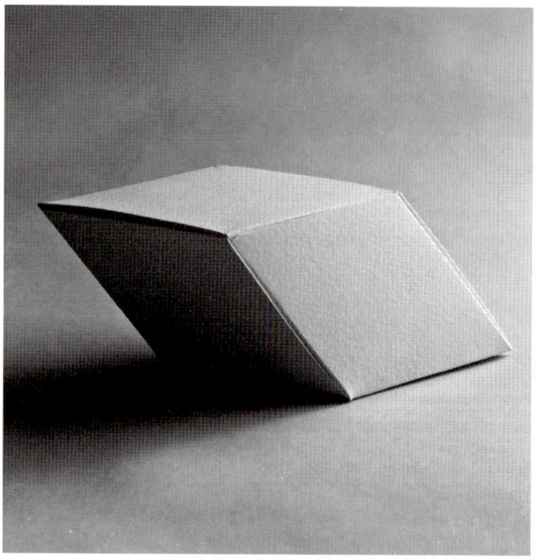

4.6 向かい合う面をねじる

我々が想像している仮想上のゴム製立方体は、さらに多少のひねりを加えることで、上面と底面が互いに逆方向にねじれた状態へと変形できる。この結果できあがる形状は繊細で驚くべきものだ。この例におけるねじれの角度は 80 度で、90 度の垂直状態から 10 度傾いているだけである。この角度を 70 度以下にすると、ほとんどの場合うまくいかない。

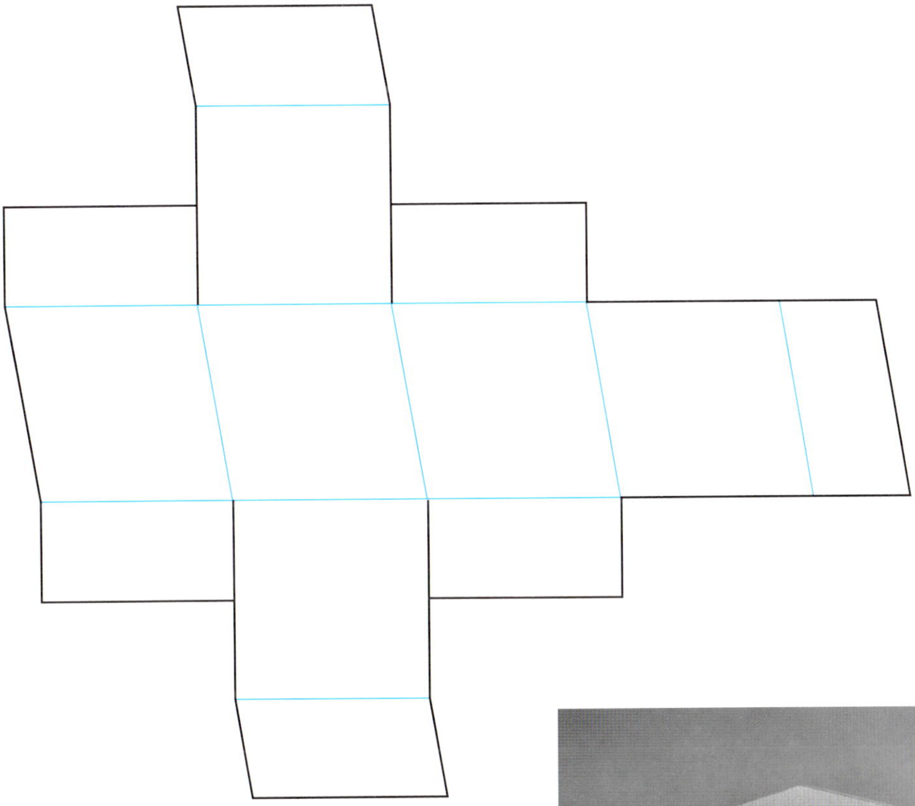

4.7　ねじる：切子面によるバージョン

4.6 は、上側の正方形の角が底側の正方形の辺の中間点の上にくるまで、さらに面をねじることができる。この時、2 つの正方形の 8 つの角を折り目につなぐと、側面に 8 つの二等辺三角形ができる。この展開図の留意点は、“トラブルシューティング”で説明したつば付きタブが展開図の上と下にある点だ（p.36 参照）。

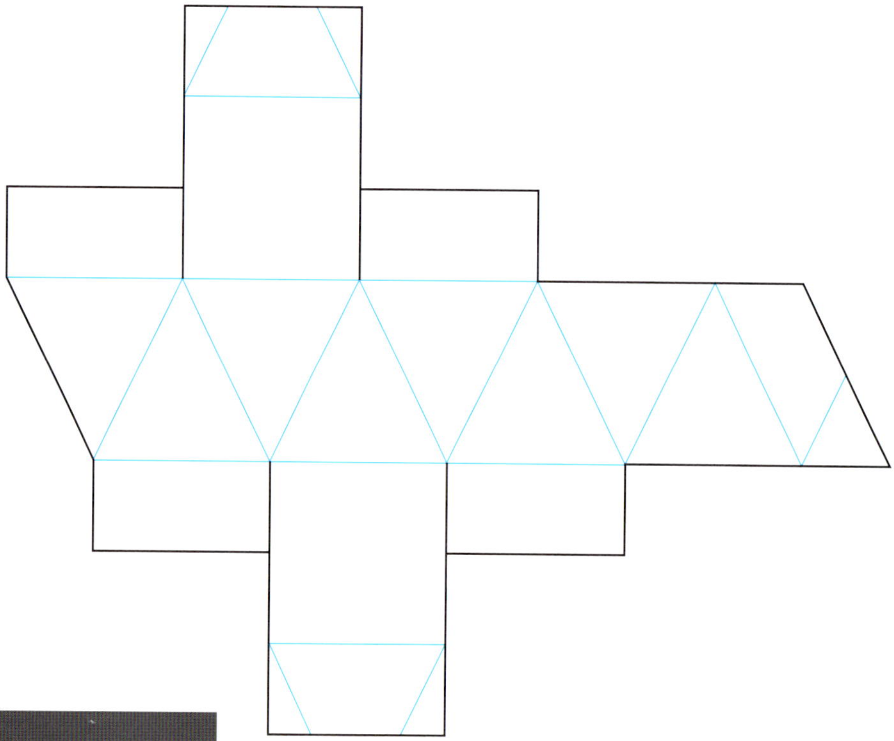

4.8　面と面の間を押し縮める

引き伸ばしたりねじったりする代わりに、今度はゴム製立方体を圧縮し、押し込んでみよう。最も単純な方法は、面から面に向かって押し込んで圧縮するというものである。ただし、その結果できあがる形状はここに示す写真のようになっていないかもしれず、複雑でカーブを描いたゼリー状の形状かもしれない。明らかに圧縮されているにもかかわらず、用紙の表面積は立方体のものと全く同じである。

4.9　二重カーブ稜線

どの展開図でも、ほぼ全ての直線状の折り曲げ稜線を二重カーブ稜線で置き換え、固い雰囲気の稜線を柔和で装飾的なものに変形することができる。これらの二重カーブ稜線は非常に精密に作成されなくてはならないため、その方法をここに詳しく示す。

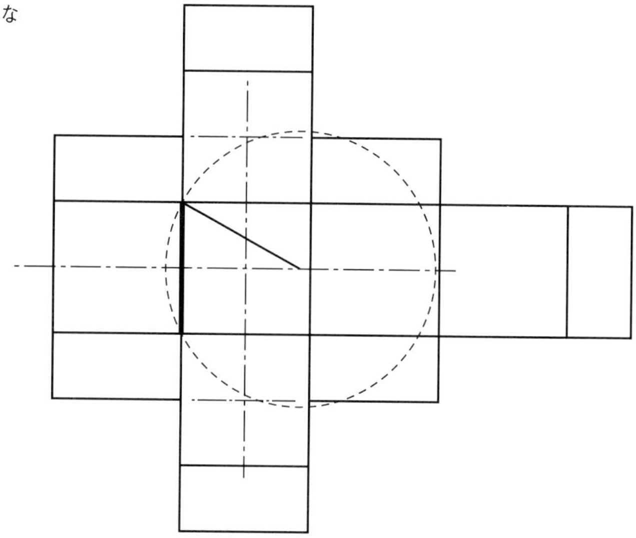

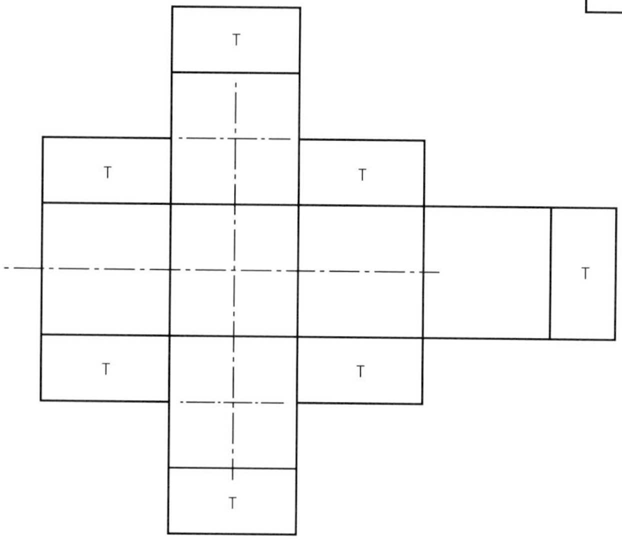

4.9.1　Step 1

立方体の一般的な展開図を、タブ付きで作成する。2本の長い作図線と2本の短い作図線を、図に示すように正方形の中心を交差する形で書き込む。

4.9.2　Step 2

太線で表しているのは、二重カーブ稜線が描かれることになる直線状の折り曲げ稜線である。稜線の長さを測り、その数値に5パーセント追加する。これがカーブの半径になる。この半径からなる円の円弧を描くと、この稜線の両端を正確に通るはずである。円の中心は選んだ稜線の右側にあり、さらに作図線上に位置しているはずである。

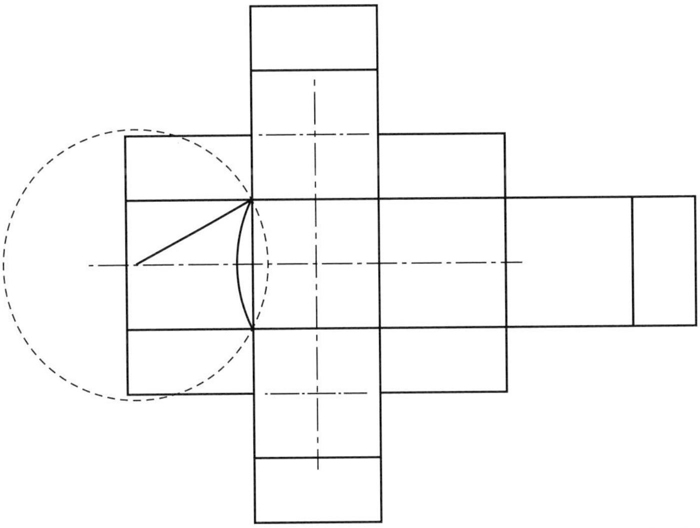

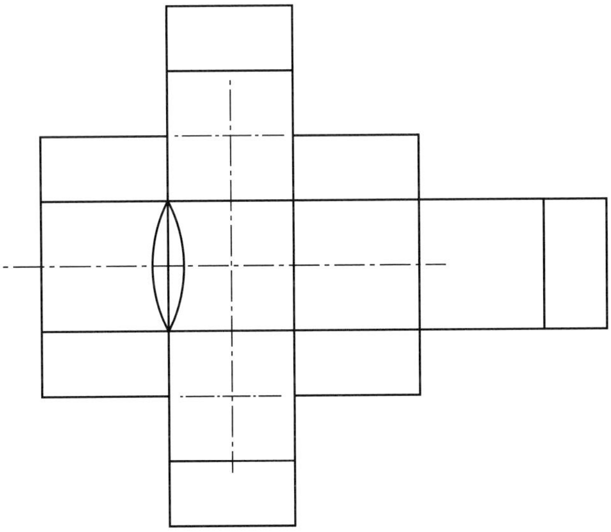

4.9.3 Step 3

直前のステップでカーブ稜線がきちんと作図された。もう一度 Step 2 を繰り返すが、今度は円の中心が選んだ稜線の左側にくるようにして同じ作業を施す。

4.9.4 Step 4

二重カーブ稜線が作図された。

4.9.5　Step 5

長い作図線を用いて、さらに3箇所に二重カーブ稜線を加えた。また2本の短い作図線を用いて、4つのタブに4本の短い一重カーブ稜線を作成している。

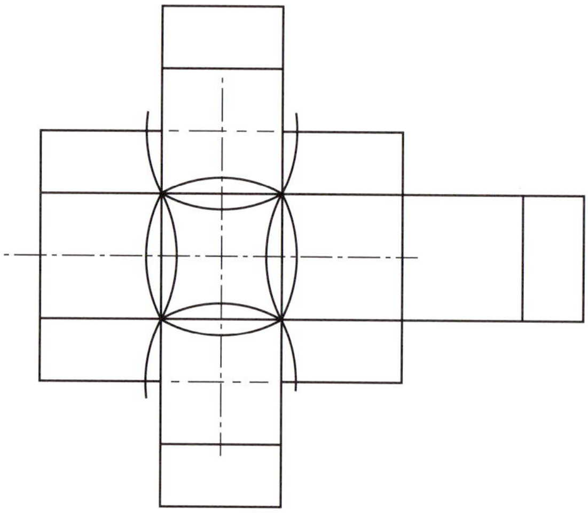

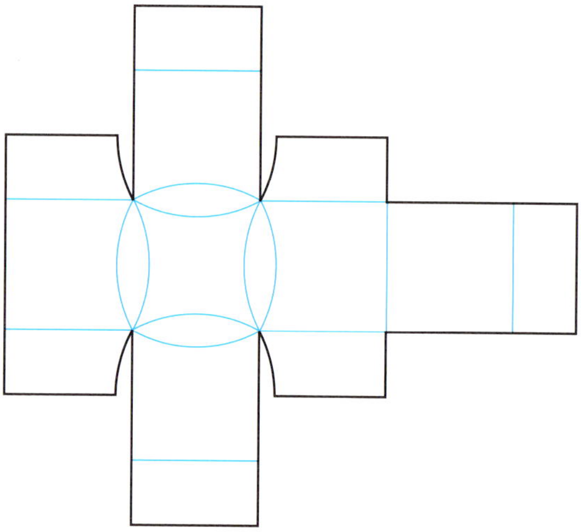

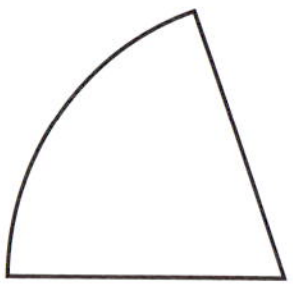

4.9.6　Step 6

写真はこの展開図を組み立てたもの。もし手作業でこの形状を作成しようとしても、カーブを描いた折り目を完璧に作ることは不可能である。これを可能にするには、まず求めるカーブ稜線と同じ半径のカーブ辺を持つくさび形（パイの一切れのような形状。上の図を参照）を紙の切れ端に描き、正確に切り出す。そしてこれを展開図の所定の場所に置いて、稜線を描き、折り目をつけるテンプレートとして利用する。

4.10　一重カーブ稜線

二重カーブ稜線（4.9 参照）が展開図のほぼどこでも任意の場所に配置できるのと違い、一重カーブ稜線は正確に調整されたパターンに従って配置しなければならない。一重カーブ稜線は、箱の垂直方向の稜線として左右対称のパターンに、また偶数箇所（例えば 4 箇所、6 箇所もしくは 8 箇所——立方体の場合は 4 箇所）に適用する必要がある。一重カーブ稜線の半径を決める算定方法は、二重カーブ稜線の場合と同じである：半径は稜線の長さプラス 5 パーセントとなる。

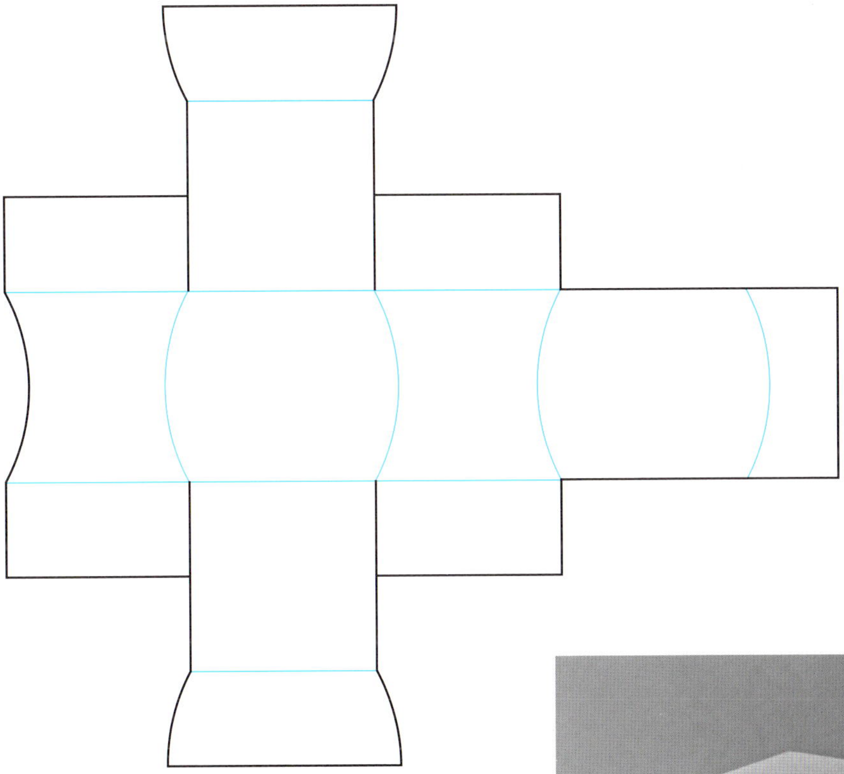

5:

箱を閉じる方法

COMMON CLOSURES

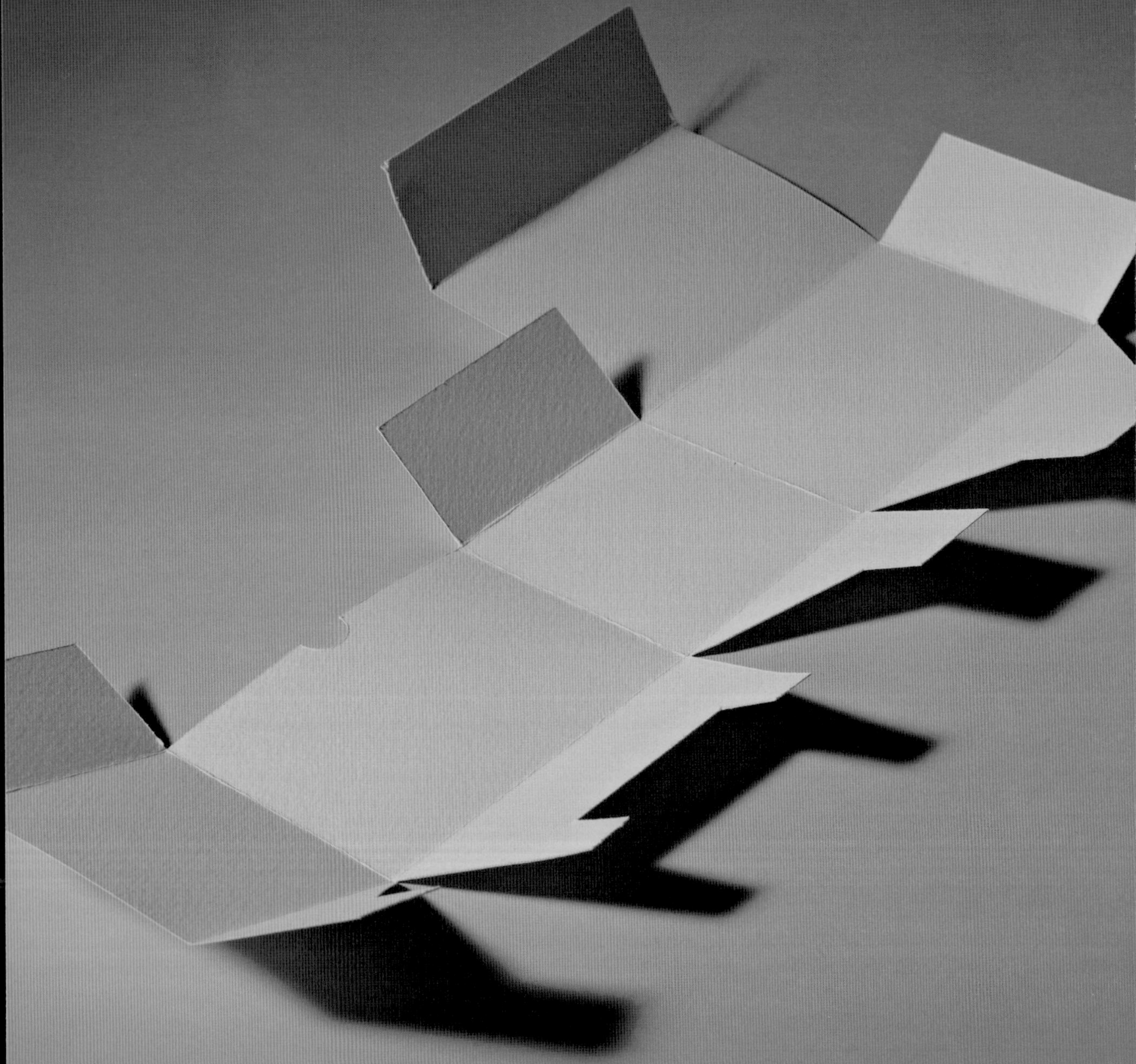

はじめに

これまでの章で解説してきたタブ付けの手法を用いれば、直線の稜線と平面を持つどのようなパッケージ形状でも（またはカーブ稜線やカーブした面を持ついくつかの特定の形状でも）強固に保持されるはずである。ただし、全ての形状をタブだけでがっちりと固定し、閉じておくことができるわけではない。時にはフタか底面またはその両方に特別な固定機能や接着タブを追加する必要がある。こうした追加要素については、妥協の産物と見るべきではない。斬新なデザインに強度と完璧な実用性を付与するための、デザインにおける重要な要素と考えるべきである。

続くページにおいて、パッケージをしっかりと閉じるための一般的な４つの手法について説明する。

5.1　接着タブ

接着すると、パッケージの一体感が増して形状が強く保たれ、ばらばらになることもない。

大量生産されるほとんど全ての箱パッケージには、少なくとも１つ以上の接着タブ（形状や位置により接着線と呼ぶ）が含まれている。シリアルのパッケージやジュースのパック、あるいは大きな電化製品を入れるダンボール箱や小さく高品質なギフトボックスなどは、接着されるか、接着タブに沿って工業用ホッチキスで閉じ合わされる。

接着タブが接着される面によりよく接合するよう、箱が平らに折りたたまれた状態で接着剤が塗布されることが多い。パッケージが立体になった状態で接着剤を塗布するのは難しく、またコストも高くなる。接着フラットパックのパッケージは、平らなまま保管や輸送ができ、梱包時に素早く立体に組み立てられるので、すばらしく実用性が高い。

しかし、形状が著しく限定されるという欠点がある。展開図手法を用いて接着フラットパックが可能となる立体形状はわずかだ。そういった理由からも、接着や扁平化が容易な直方体形状のパッケージがこれほどまでに一般的なのだ。言い換えれば、接着フラットパックを前提にしたパッケージでは、独創的なデザインを追求することは難しい、と言える。

製造数が少ない場合には、手作業という選択肢もある。これなら接着もかなり容易で、展開図のどのタブを接着し固定してもよい。

パッケージではなく別の目的で展開図をデザインしているのであれば、接着の必要は全くないかもしれない。あるいは、全てのタブを接着して、解体不可能な固い立体形状を作ることもできる。接着タブに代わる別の効果的な固定方法は、ベロ式ロックである（p.72 参照）。

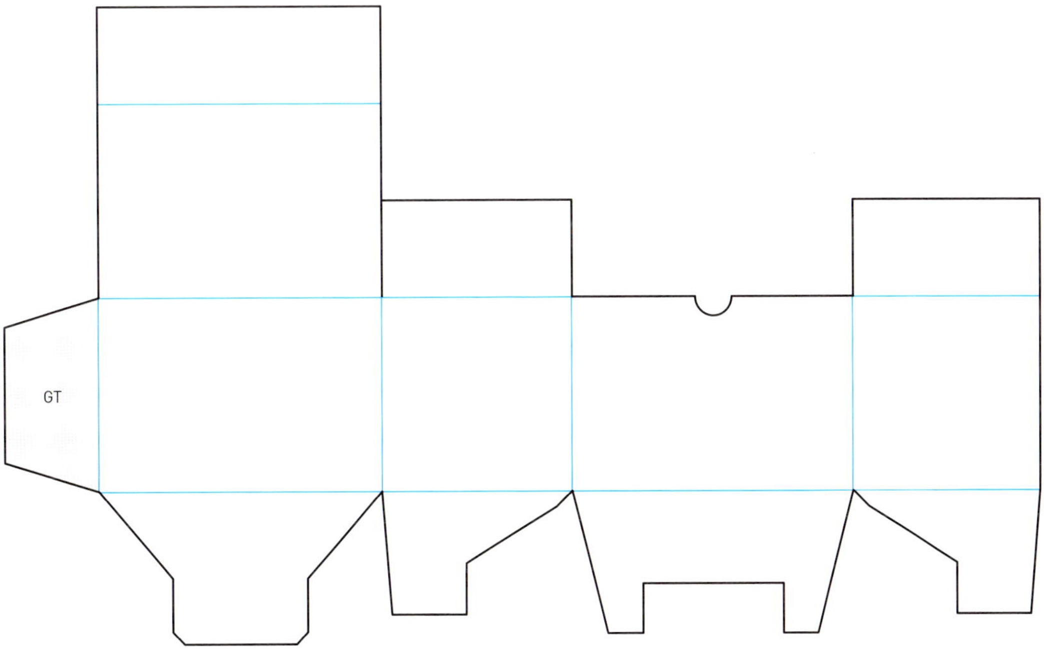

この例では「底ロック」方式を示している（p.74 参照）。
接着タブは左側にある。

5.2 クリック・ロック

クリック・ロックは、注目されることも少なく控えめなものではあるが、デザインの奇跡とさえ言えるものの1つである。とても簡単に作成できて、フタを箱の本体へ固定する力を著しく高めてくれる。用いた紙の斤量が適切なら、このクリック･ロックはしっかりフタを固定する。時には紙を破りたくなるほどに！

クリック・ロックは、梱包する物の重さがそれほどでもない場合に、斤量の低い紙を使った小さめのパッケージで用いられるのが一般的である。クリック・ロックを用いた箱は、箱を傷めずに開閉ができるため、ペーパークリップの箱など、繰り返し開け閉めする必要があるパッケージでよく見かける手法である。

見事なほどシンプルなデザインと用途であるが、クリック・ロックは正確に制作されなければならない。下に示す寸法を厳守することが必要である。フタとフタ差込みタブの寸法は重要ではないが、図に示した5mmと2mmの寸法は極めて重要なので、大きくしたり小さくしたりしてはならない。

クリック・ロックはパッケージの底に適用することもできる。しかし、箱を持ち上げた時に中身が落ちないよう十分な強度で固定できるか、確かめておかねばならない。

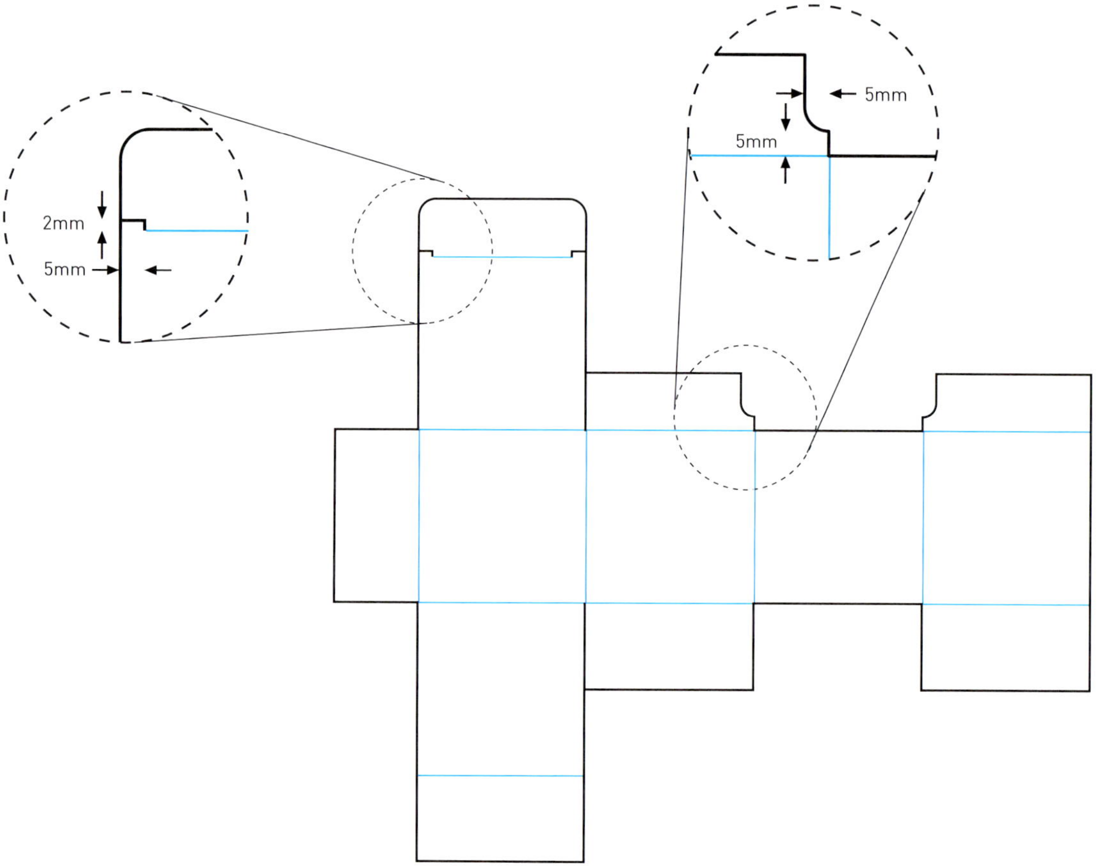

5.2
Click Lock
クリック・ロック

クリック・ロックは、フタ差込みタブや接着していないタブで先細り状のもの（タブ両端の角の角度が90度以下のもの）を固定するのに、特に有効である。三角形や先細りした面の下に差し込む、先細り形状のタブが多く含まれるデザインは、しっかりと固定されにくい。このため、フタ以外のタブにもクリック・ロックを加えると、よく固定されるようになる。

5.3　ベロ式ロック

ベロ式ロックは、接着せずにパッケージを閉じる手法としては究極のものである。持ち運びや持ち上げの多いパッケージをデザインしている場合には、強度で劣るクリック・ロックよりもこの手法を優先して用いたほうがよい。同様に、重い物を梱包する大きなダンボール紙製パッケージでも、クリック・ロックよりこちらの手法を用いることが望ましい。

またこの手法は、開閉されることのない稜線を最大限強固に固定したい場合、接着タブの代わりに用いることができる。

制作の目的がパッケージではなく、形状をできる限り幾何学的に美しく見せたいという場合には、湾曲して見栄えを損ないやすい、切りっぱなしの長い稜線を真っ直ぐに保つため、ベロ式ロックを用いて下のタブに固定することを検討する。固定が必要な特に長い稜線には、2つ以上のベロ式ロックを適用してもよい。

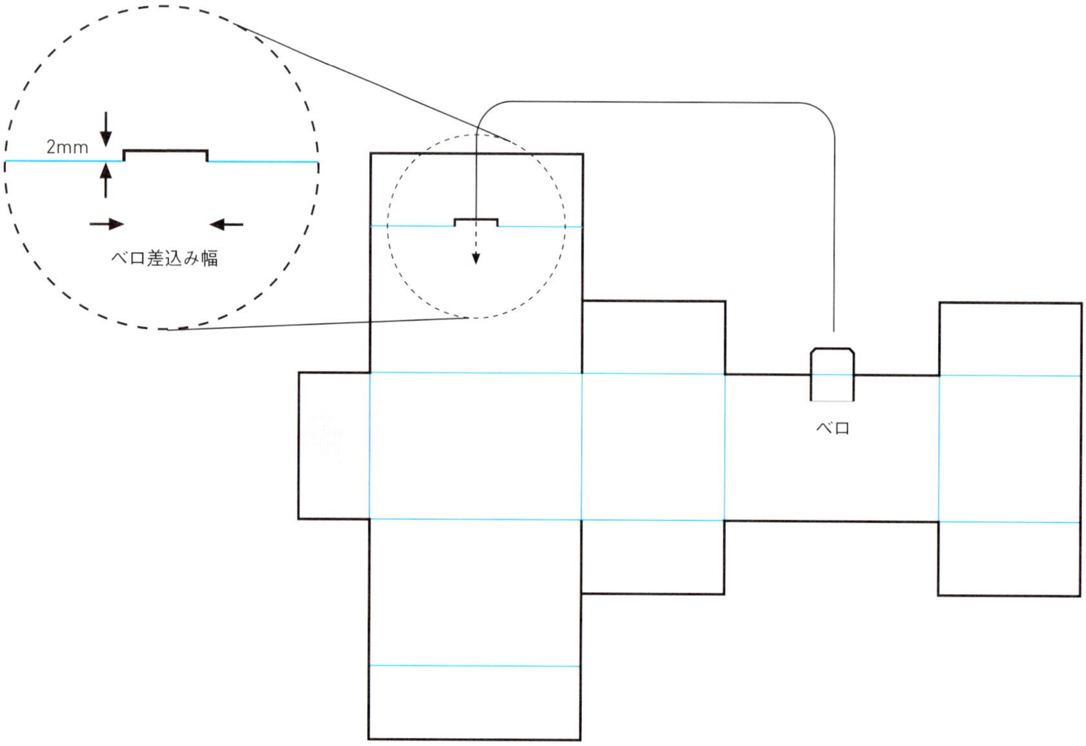

ベロ式ロックの構造は簡単なものだ。ベロと切れ目の幅は同じである。切れ目はフタ差し込みタブ側に2mm 程度、突き出したような形状で入れられている。段ボール紙を用いる時には、紙の厚さに応じてタブ内側にさらに大きく突き出すよう切れ目を入れるべきときもある。切れ目の下にある“郵便受け状の差込み穴”は、フタ差込みタブが 90 度に折り曲げられた時に初めて現れる(紙が平らな時には差込み穴は目に付かない)。

ベロ式ロックは、クリック・ロックを施したフタ上に用いることも可能である。

5.4　底ロック

クリック・ロックとベロ式ロックがフタをしっかり固定するのに対し、底ロックではパッケージの底面を固定する。底面を4つの部分に分割し、これらを単純だが巧みな方法により互いに組み合わせると、底面が固定されるだけでなく、さらに強固なものになる。底ロックによる重なり合った底面は、一層しかないクリック・ロックやベロ式ロックの底面より重いものを支えることが可能になる。

底ロックは、いかなる長方形の底面や、90度もしくはそれ以外の角度の角を持つ四辺形の底面にも利用できる。5辺や6辺からなる底面を持った、非常に面白いバリエーションもある。

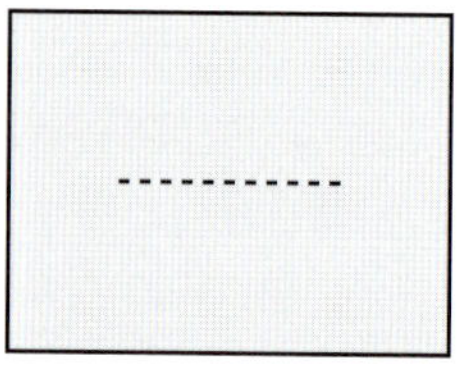

Step 5.4.1
影を付けた長方形が底面の形状である。これに慎重に、長方形の長辺に対し平行な1本の線を、中心線に沿って一部描く。この線の長さは長方形の長辺の50パーセント程度か、もう少し長い程度にする。

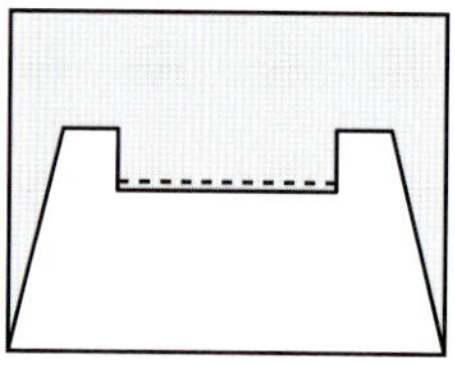

Step 5.4.2
長方形の長辺につなげて、この図に示すような形状を描く。2つの「歯」の形や大きさは重要ではないが、ここで描く形状の水平線がStep 5.4.1で描いた中心線より少しだけ下側にくることが重要である。

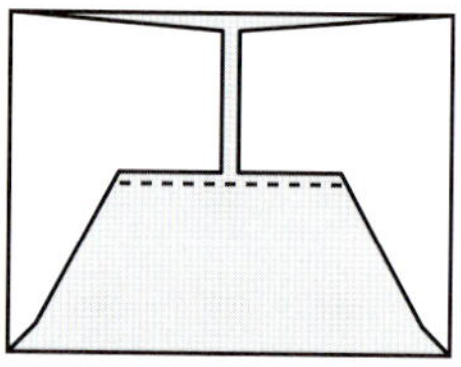

Step 5.4.3
長方形の短辺につなげて、この図に示すように左右対称な2つの形状を描く。これらの形状の水平線が、Step 5.4.1で描いた中心線より少しだけ上側にくるように注意する。

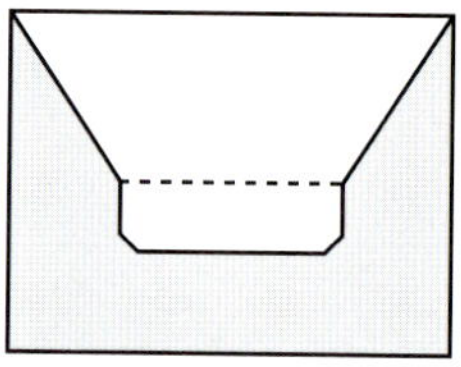

Step 5.4.4
長方形の上側の辺につなげて、この図に示すような形状を描く。底面の上側の辺の両端につながる斜線が、Step 5.4.1で描いた中心線の両端につながるように注意する。

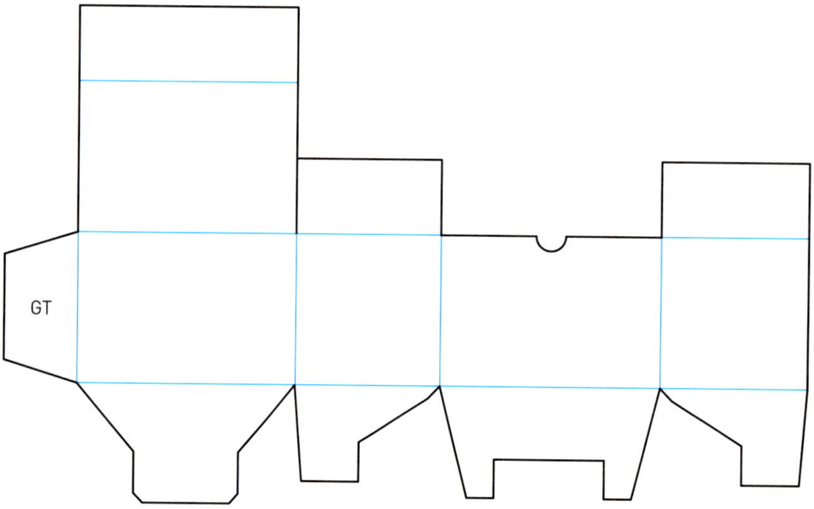

Step 5.4.5
ここまでで作成してきた4つのタブを、この図が示す構成で展開図に描く。注意点は、Step 5.4.4で作成したタブ（ベロ）が展開図の左端にある接着タブの隣にある点だ。

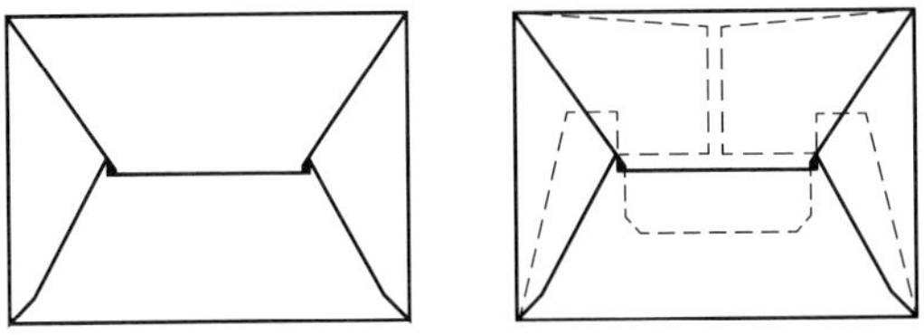

Step 5.4.6

この図は、4つのタブが互いに挟み込まれた時、底ロックがどのように見えるかを示している。最初に Step 5.4.2 で作成したタブを、次に両側の2つの小さいタブを、最後にベロ差込みタブの順に折り曲げ、底面中央に開いたスロットにベロを差し込む。

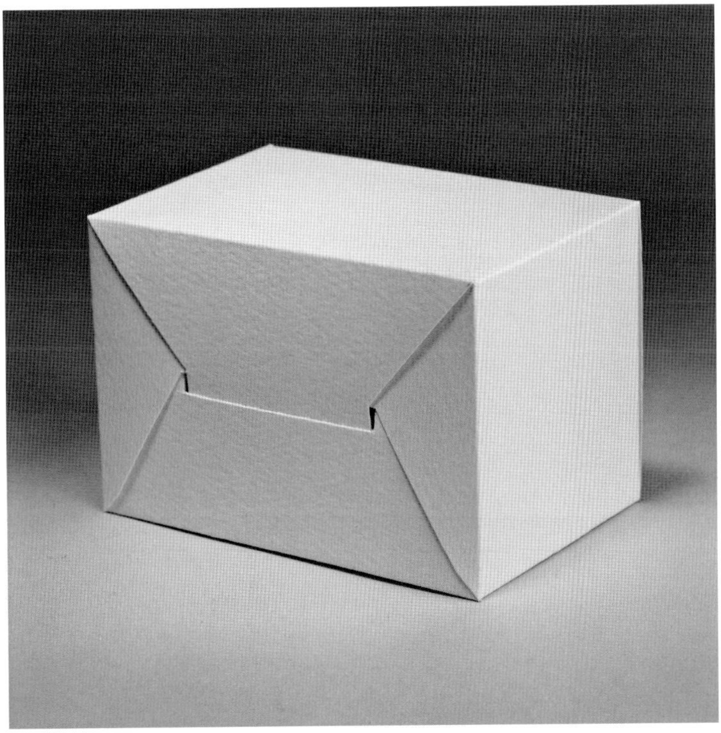

この写真は底ロックの底面を示している。4つのタブがどのように差し込まれているかを示すため、差込み穴脇の縦方向の切れ目の長さは強調されている。実際には固く閉じるべきである。

6:

完璧な展開図から生まれる独創的な例

CREATING WITH THE SYSTEM

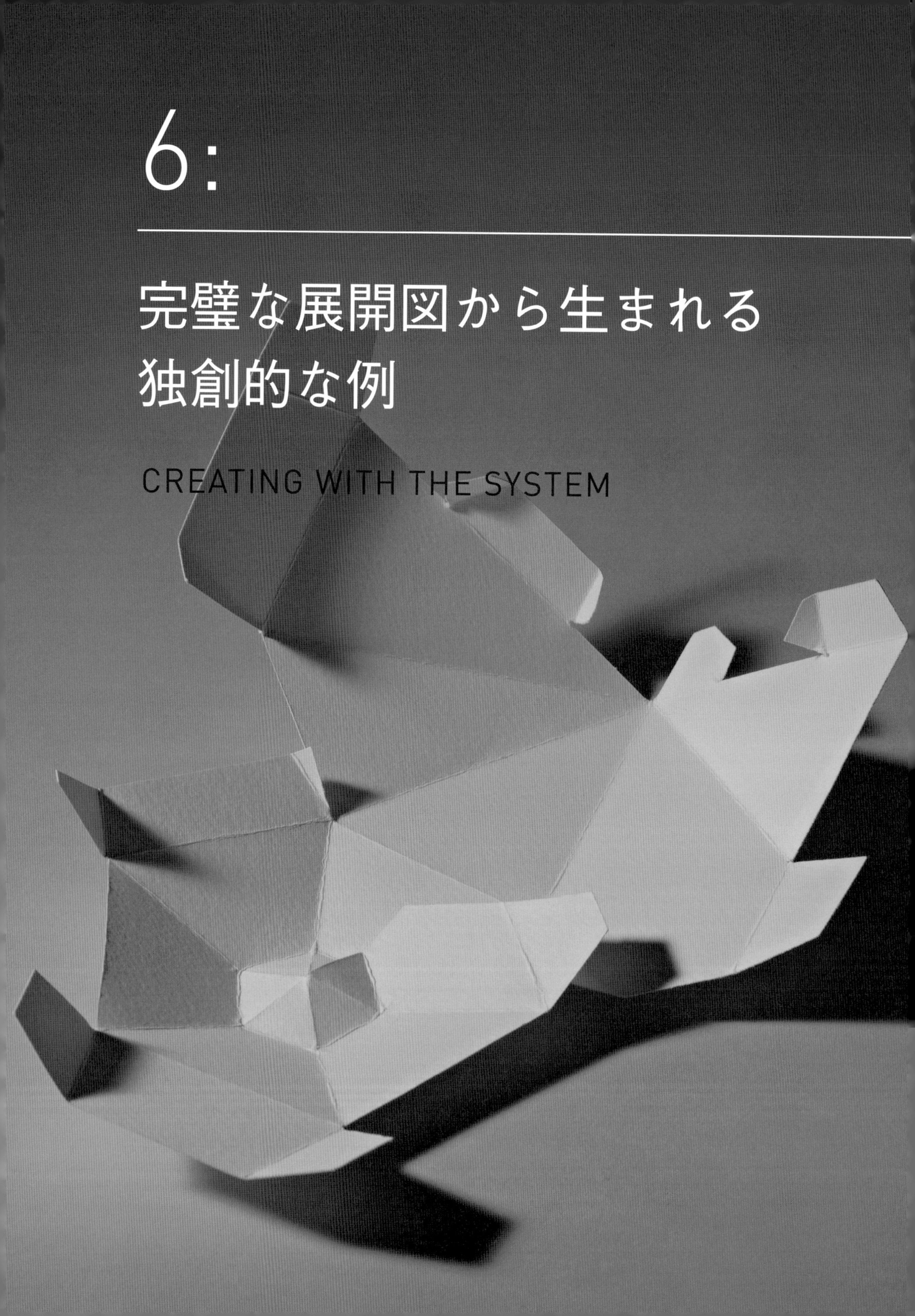

はじめに

本書で最長となるこの最終章では、パッケージとその他の目的に資する独創的で自己保持できる形状の制作について、これまで見てきた方法の全てをまとめる。既述の章を読み込み、説明されている原則を理解していれば、この最終章から最大限の学びを得るだろう。

よく、「もはや幾何学に新しいものは見当たらない」と言われる。もちろん、よく知られる二次元多角形（三角形、五角形など）や三次元多面体（立方体、角錐など）は個別に詳しく研究されているが、これらの幾何学図形は、果てしない変化をたどりつつ組み合わされ、変形されて、数多くの美しくかつ実用的な形状を生み出すことができる。次のページから始まる“テーマとバリエーション”では、これらの形状を作り出す手順を示す。

その後には“独創的な参考例”の詳細な節が続き、構造的パッケージングの可能性の限界を探求する。これまでと同様、この章に示されている内容は全て第２章で説明した展開図作成の体系的手法を踏襲している。ただし、より高い強度を立体形状に与えるために、例外的手法も紹介している。

6.1　テーマとバリエーション

6.1.1　単独操作によるデフォルメ

第４章で、ソリッドな形状を変形させる基本的な手法について説明した。
これらは：

— 面を削り取る
— 稜線を削り取る
— 角を削り取る
— 立体をねじる
— 立体を圧縮または引き伸ばす
— 直線の稜線をカーブ稜線で置き換える

各変形手法のテーマに対してそれぞれ膨大なバリエーションが存在するが、中には注目に値するものや、他の例より美しいものもある。

面を削り取る

稜線を削り取る

角を削り取る

立体をねじる

立体を圧縮する

直線の稜線を一重カーブ稜線で置き換える

直線の稜線を二重カーブ稜線で置き換える

このページにある４つの例は、立方体の角を削り取る方法のいくつかを示している。削り取る角度や範囲に応じて、生み出される三角形の面は、小さかったり、大きかったり、正三角形であったり、二等辺三角形であったり、不等辺三角形であったりする。

左上の例は p.56 にある形状を再現したものである。その他の例は、制作可能な多くのバリエーションの中から数例を示している。

角を１つ削リ取る代わりに別の方法でソリッドな形状を変形するには、前ページにあるテーマリストから手法を１つ選択し、このページ例と同様にサイズと角度のバリエーションを適用してみるとよい。

立方体を単独の操作によってデフォルメする作業は、比較的単純な着想であるにもかかわらず、非常に多くの形状をデザインすることができる。

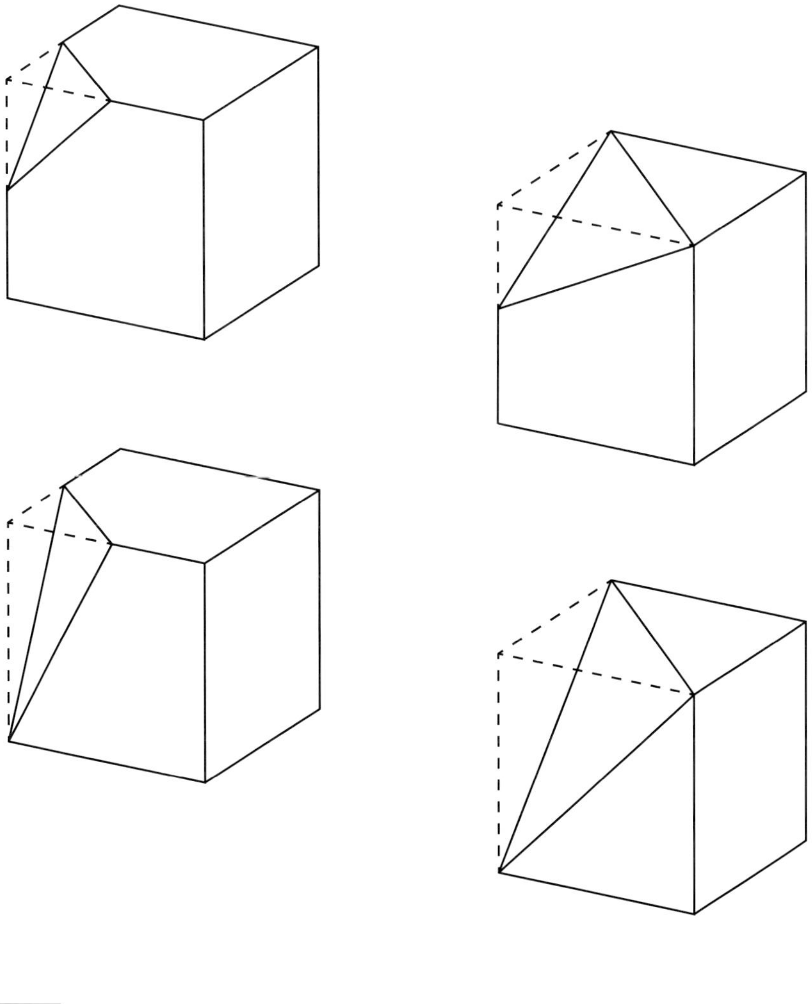

6.1.2 複数操作によるデフォルメ

立方体を 1 回のみ変形する代わりに、同じ変形操作を 2 回以上適用する。

ここに示す例では、稜線を削り取る手法をテーマとして選択している。最初の例 (1) は p.55 にある形状を再現したもので、立方体の 1 つの稜線のみを削り取ったものである。2 つ目の例 (2) は、立方体上面の相対する稜線 2 本を削り取り、切妻屋根の家を思わせる形状を作り出している。3 つ目の例 (3) は、立方体上面の隣接する稜線 2 本を削り取り、小さな正方形面のみを上面に残している。4 つ目の例 (4) は、立方体上面の 3 本の稜線を削り取り、寄棟屋根に近い形状を作り出している。これら 4 例と同様に、削り角を 45 度に限定した場合でも、上面や側面、下面の稜線を様々な組み合わせによって削り取ることで、驚くべきことに約 150 種類もの形状を作り出すことができる (鏡像や回転状態のものは除く)!

一瞬にして、誰も今まで見たことがなかったような形状を簡単に作り出すことができるのだ。

p.78 のテーマリストにある他の手法においても、特に削り取りの手法やカーブ稜線の手法を用いて、複数操作による変形を適用することができる。

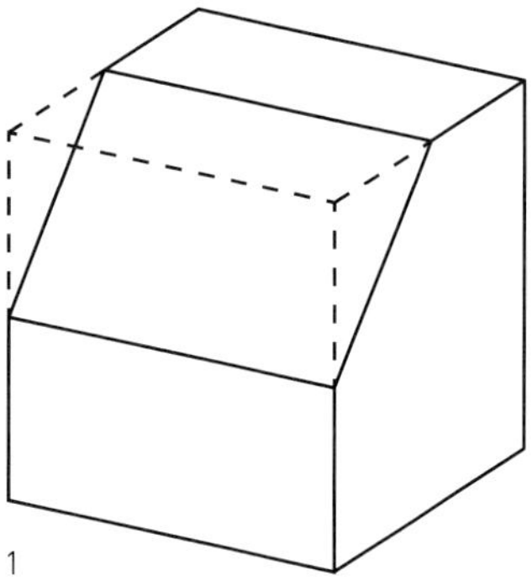

1

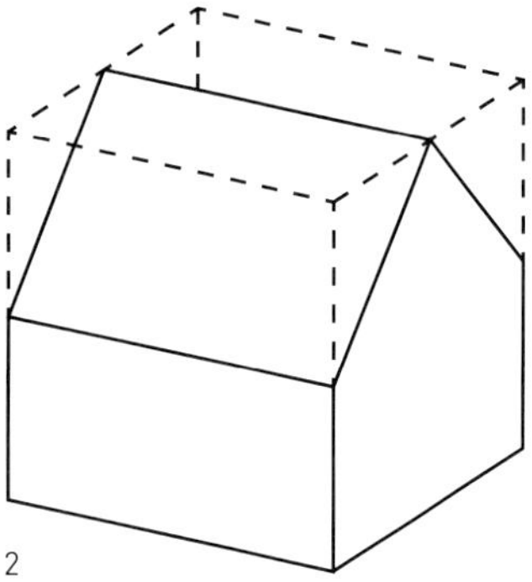

2

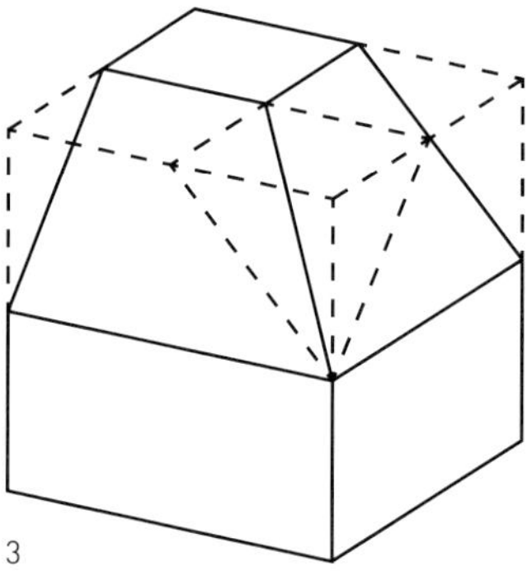

3

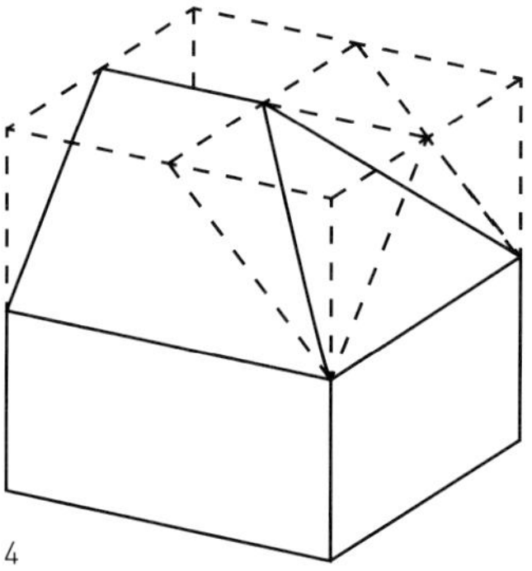

4

6.1.3 手法の組み合わせによるデフォルメ

変形の操作は、ほとんど無限の組み合わせで適用することができる。組み合わせ変形による多くの結果は、けばけばしく、強度が弱く、醜く、明らかに馬鹿げたものである。あなたのデザイナーとしての仕事は、こういったものをあれこれと見つけ出すことではない（人生はあまりに短い）。自分に合ったものを見つけ出すことである。選択肢を限定すること。言い換えれば、それがデザインをするということだ。

デフォルメが適用できるのは立方体に限ったことではない。直方体や角錐（3面、4面、5面その他のもの）、角柱（三角柱、五角柱、六角柱ほか）やその他の多くの基本立体に適用できる。次に、ほとんど無限とも言える選択肢の中からいくつかを提案する。最初の4例をこのページに図示している。

— 四角柱、ねじりと二重カーブ稜線による変形
— 角錐台、面の削り取りによる変形
— 背の高い六角柱、3つの角の削り取りによる変形
— 同じ六角柱の3つの角の削り取りによる変形で、背が低く平らなもの

そしてさらに…
— 左右非対称の五角錐
— 五角柱、削り取られて五角形の面のあるもの
— 直方体、1つの稜線が2本の小さな二重カーブ稜線になっているもの
— 六角柱、側面がレヴィC曲線に基づく曲面になっているもの
— 八角錐台（八角錐の頂部が底面と平行に削り取られたもの）
— 立方体、全ての稜線が二重カーブ稜線に変形されたもの
— 五角柱、左右非対称に切子面化したもの
— 2つの角錐を底面どうしでつなげ、1つの展開図で表したもの
— 切子面化され、頂部が削り取られた三角錐
— 直方体、角の1つを削り取って三角形の面を作り、この面を底面にしてバランスよく自立させられる立体
— 立方体、2つの正方形面を占める1つのフタを持つもの
他にも、まだまだ際限なく続く！

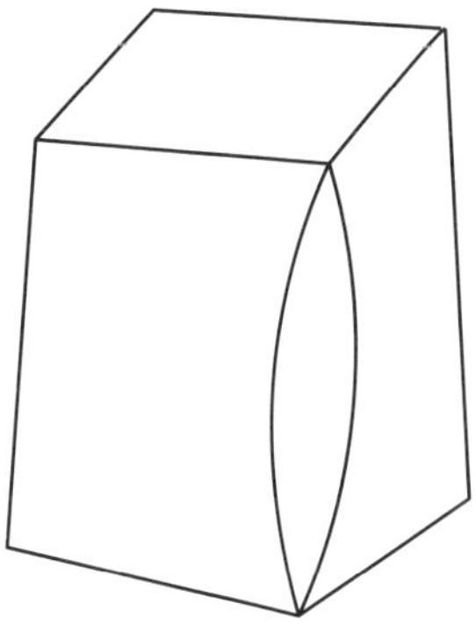
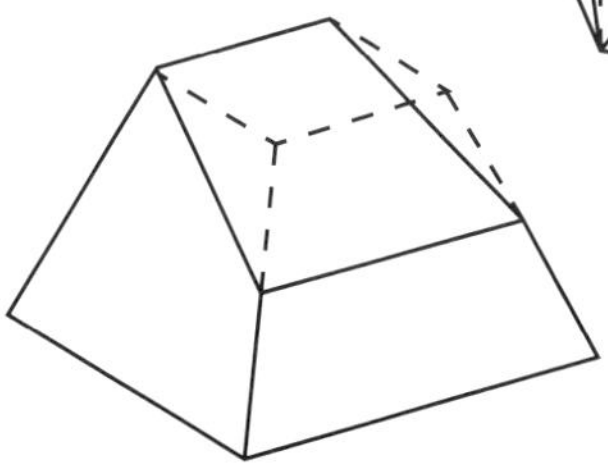
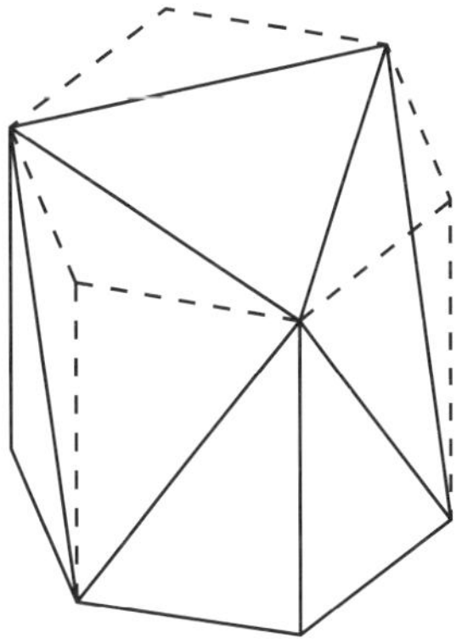
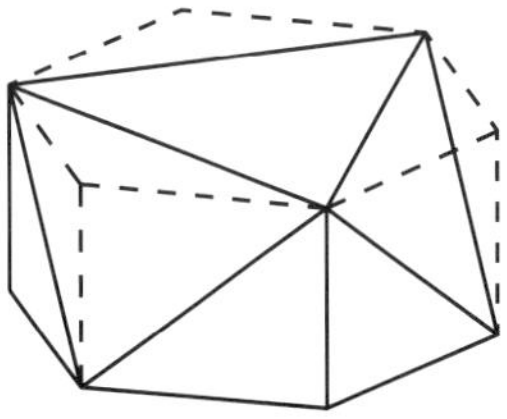

6.2 独創的な参考例

以下の参考例は、ドイツのシュヴェービッシュグミュント美術大学（Hochschule für Gestaltung, Schwäbish Gmünd, Germany）のコミュニケーションデザイン学科とプロダクトデザイン学科の学士課程で学ぶ2年生と3年生が、4日間のコースにおいて制作したものである。最初の2日間はワークショップで、学生たちはグループごとに第2章のステップに従い展開図のデザインを学んだ後、第4章の「立方体のデフォルメ」に示されている数多くの例を制作した。その後に続く2日間のプロジェクトで、学生たちは形状に応じてどのような手法で制作するか指導を受けながら、初めて自分が作りたいものを制作することができる。このコースの履修中は基本的な幾何学用道具しか用いないが、コース後半にかけて数人の学生が3D CADソフトを利用し、紙とペンでは正確な値を求めることが非常に難しい縁の角度や稜線の長さを計算していた。

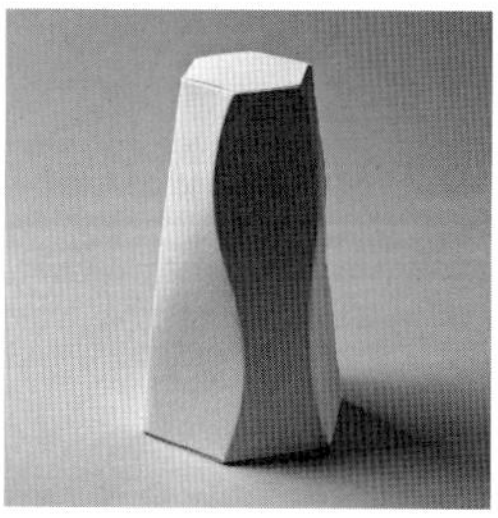
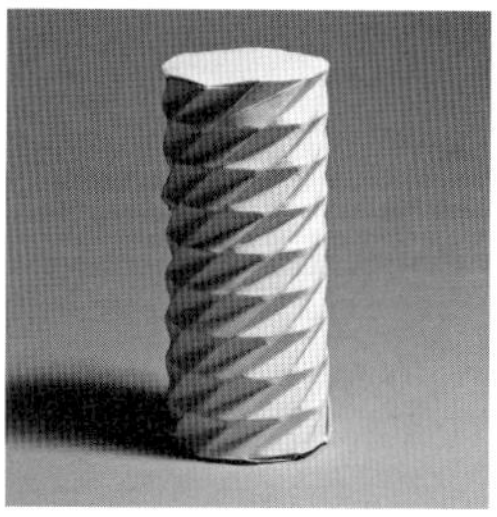

プロジェクト終了後、学生たちは自分でデザインした展開図を描いて著者にＥメールで送付し、それらを著者がプロッターで厚紙に複写した。以下の写真は、このようにして再現された参考例である。著者が若干の修正を加えたものもあるが、展開図のデザインは学生自身の手によるものだ。

このプロジェクトは、著者が手掛けた数多くのプロジェクトの典型例である。３次元での作業に慣れていない学生たちや、数学が必要となる問題処理に不安を感じる学生たちも、すぐに自信と熱意をもって面白い作品を創作し始めた。一方で、他の学生より作業に慣れている学生が、１つの形状に過剰な変形を凝らした複雑すぎるデザインを制作しがちになるのを自制させなければならないことが時としてあった。大多数の学生は、大きく異なる形状ができあがる２点以上の展開図を提出してプロジェクトを終えた。

学生たちも、一度このような遊び心のある形状を制作した後には、比較的容易に自分たちの創造性を制御することができるようになるだろう。そして、パッケージでもそれ以外のものでも、この本で提示する展開図のデザイン方法を用いて、実社会のデザインの問題を解決していけるはずだ。

彼らができたことは、あなたもきっと達成できる。

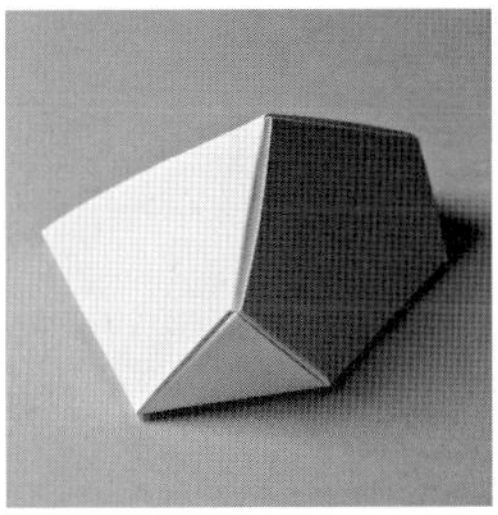
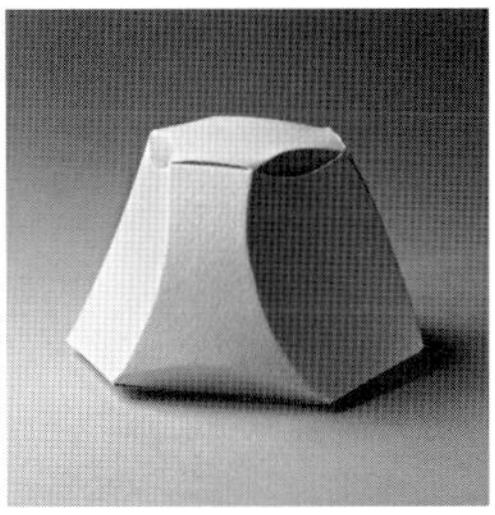

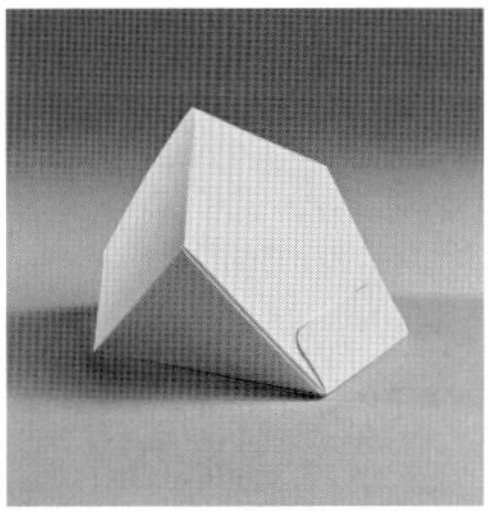

6.2.1

この例で示す洗練された繊細な形状は、八角柱にねじりの操作を加え（向かい合う面をねじる：p.59 参照）、その後、角度を付けて上面を削り取ったものである（面を削り取る：p.54 参照）。この形状の底面は通常の八角形であるが、上面は、図面から読み取れる通り、不規則な八角形になっている。この変則的な形状は、削り取られた面と底面をねじれ面でつなぐことによって生じる稜線の変形により形成される。

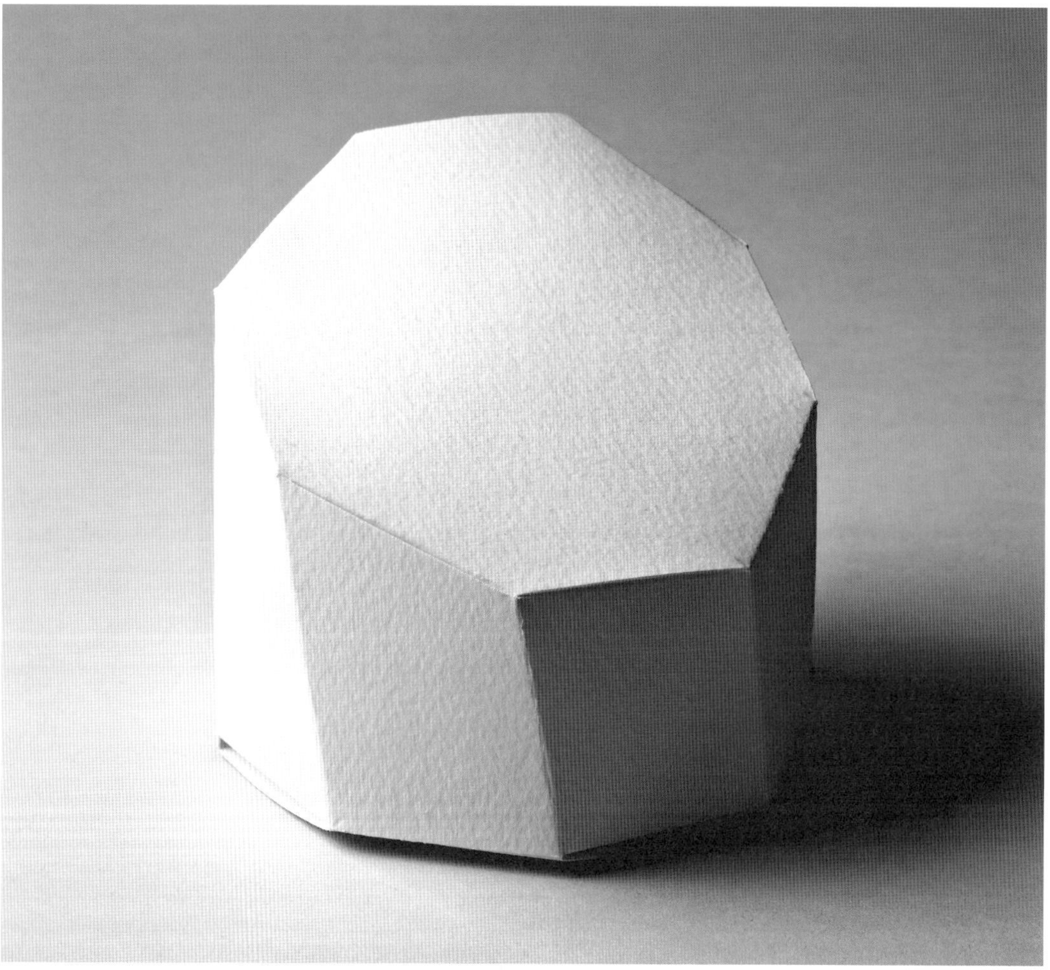

天 ◀

※大きく掲載するために、原書と向きを変えています。矢印の方向が天（上）です。

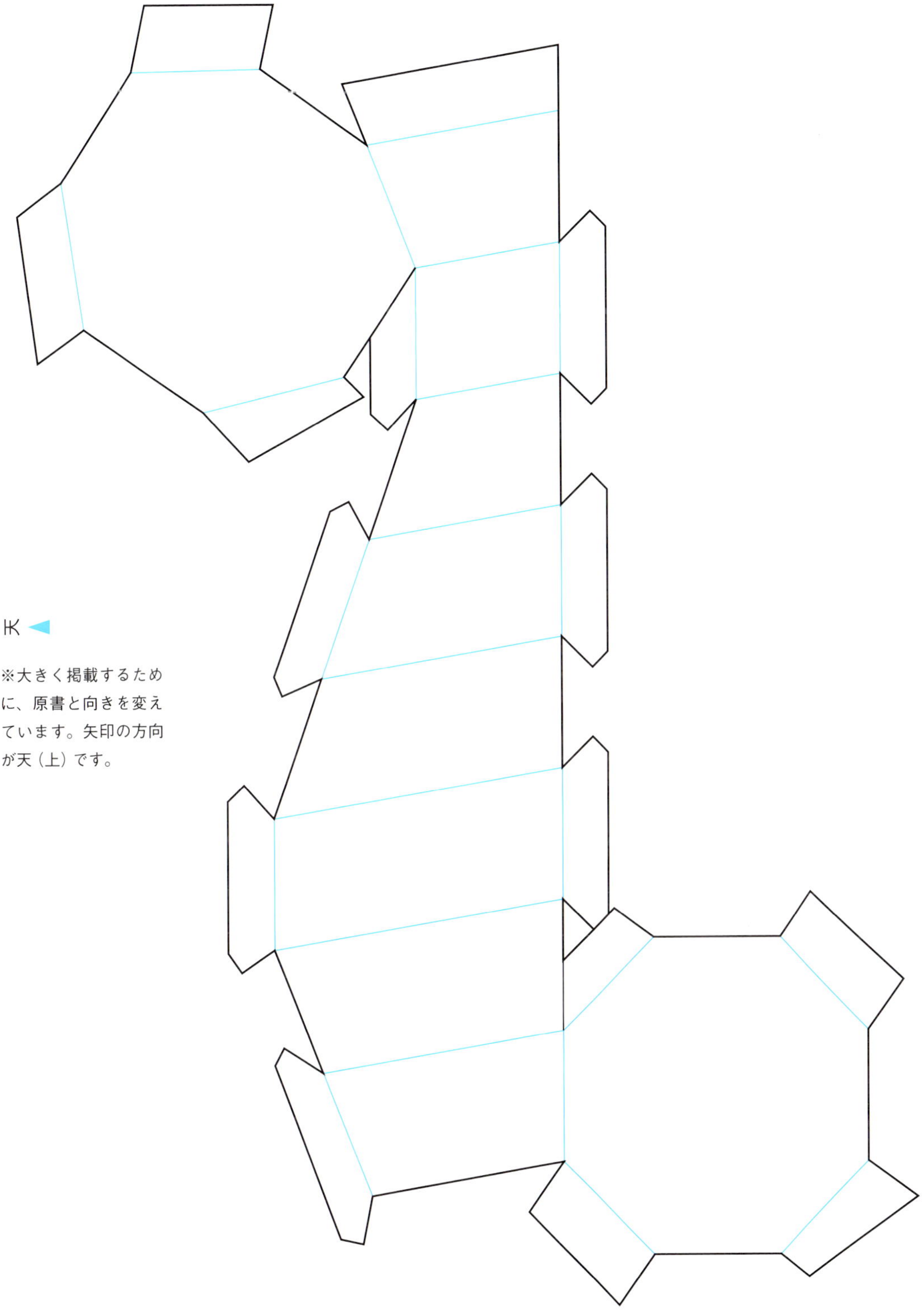

6.2.2

一方より背が高く細長い五角錐と、もう１つの五角錐が、最も断面積の大きな部分でつながった形状である。背の高い方の五角錐の高さ方向の長い稜線をしっかりと閉じるため、タブは３つに分けている。上側の五角錐は背が高いために不安定で、ともすれば転倒して細長い側面が下になってしまうところだが、下側の五角錐の底部の先端の角を巧みに折り返して底面を作ることによって、しっかりと立たせることができる。

ほぼどのような展開図上のどんな先端角でもこの方法によって折り返して底面を作ることができるため、その底面を下にして立体を立たせることが可能になる。

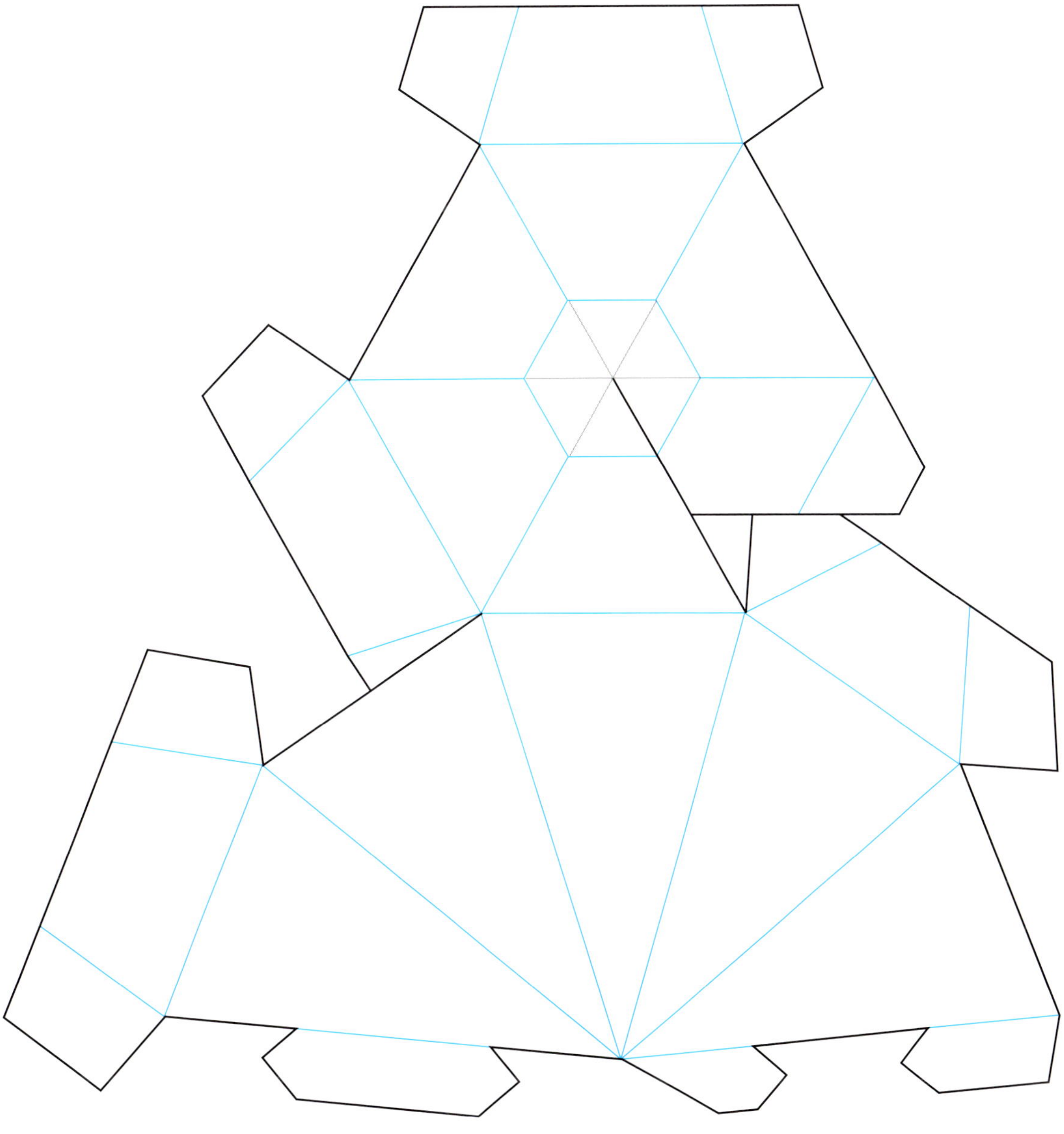

6.2.3

この緩やかなカーブにより、直線からなる単調な四角錐台を非常に優美なものにできる。全てのタブの角度が 90 度かそれ以上になっており、この形状を最大の効率と強度を持ってしっかりと保持するようにしている。この例では“一重カーブ稜線”の変形(p.65 参照)を適用し、大きな効果を得ている。

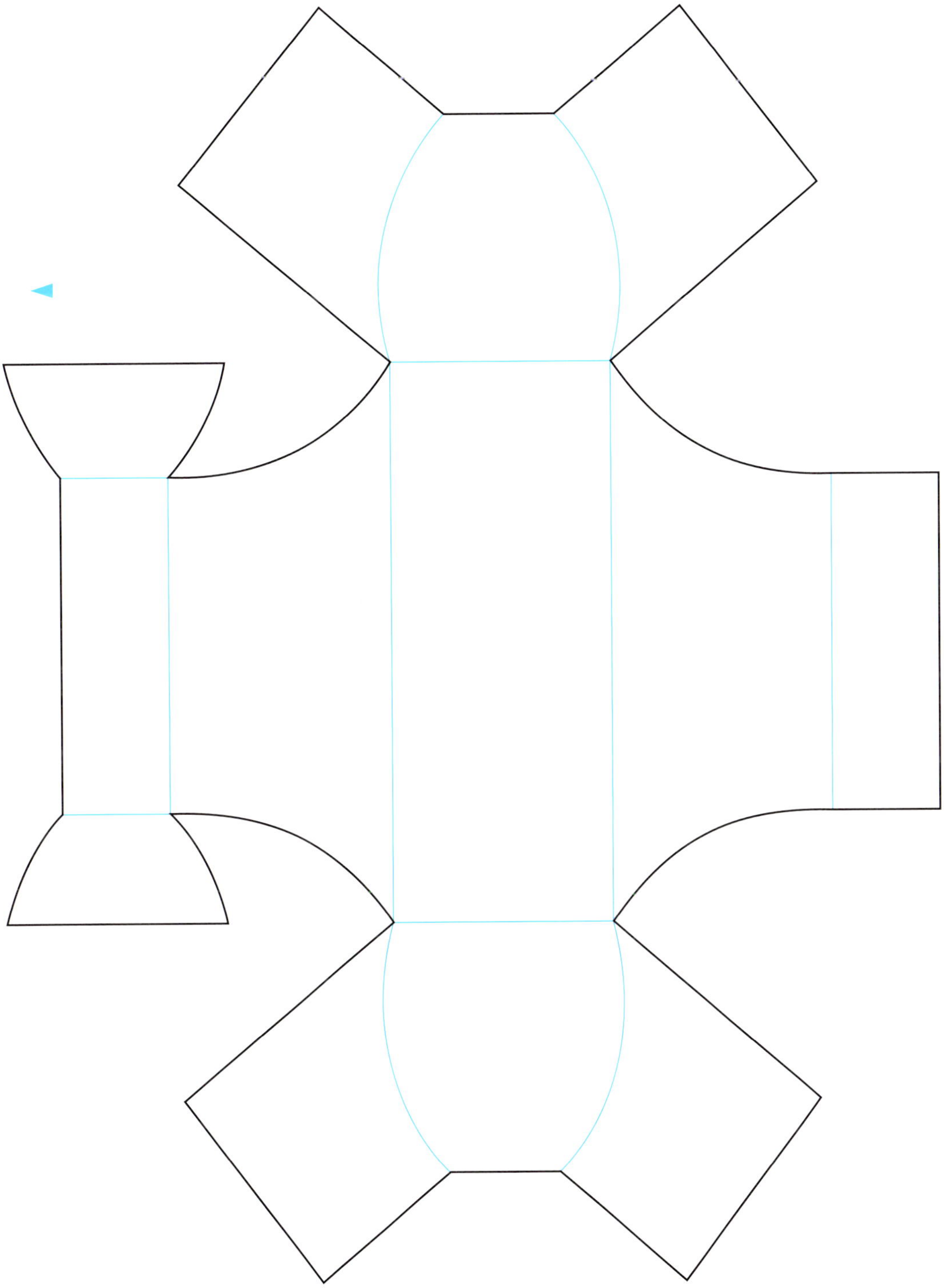

6.2.4

複雑な切子面を見せるこの例の原形は、ごく一般的な直方体の箱である。垂直方向の稜線をねじって垂直方向から外しているが、興味深いことにこれらの稜線は操作後も常に平行であり続ける。この操作の結果作り出される四辺形の対角どうしを1辺の折れ線で結び、任意に作り出されたかのような一連の三角形で面を分割する。ただし、詳しく調べるとこの生成面は非常に論理的に構築されており、恣意的に見えるのは直角がないことからくる錯覚に過ぎない。

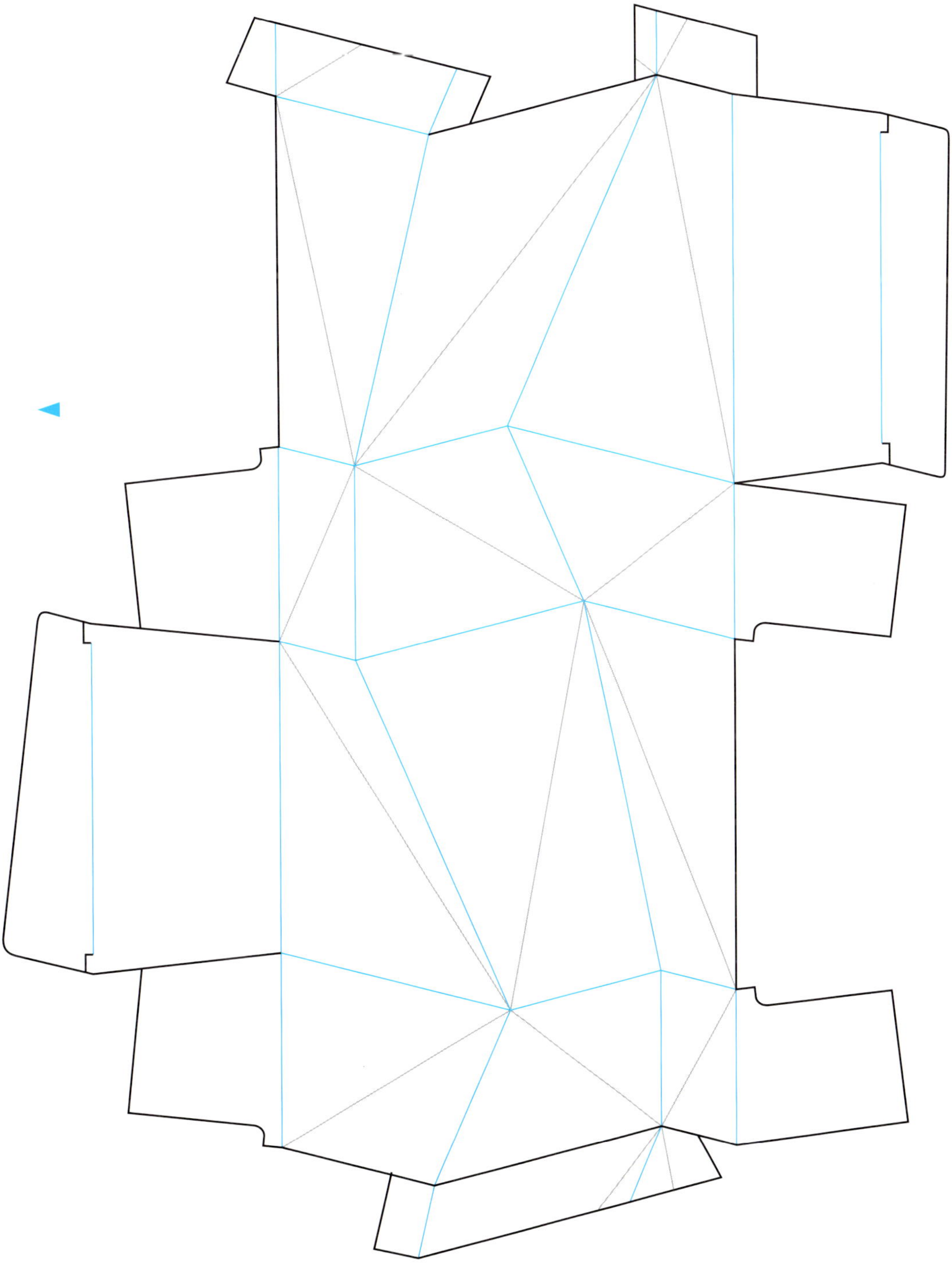

6.2.5

複雑な幾何形状操作により、この五角錐台はねじりと傾きの両立を可能にしている。谷折り線を追加することで、背が高くねじれた状態の四辺形を三角形の切子面に分割し、不安定であった構造に高度な安定感を与えている。この形状はこれよりも高ければ、ひっくり返ってしまうだろう。一方で、これよりも低ければ、傾斜のドラマチックな効果は失われてしまうだろう。

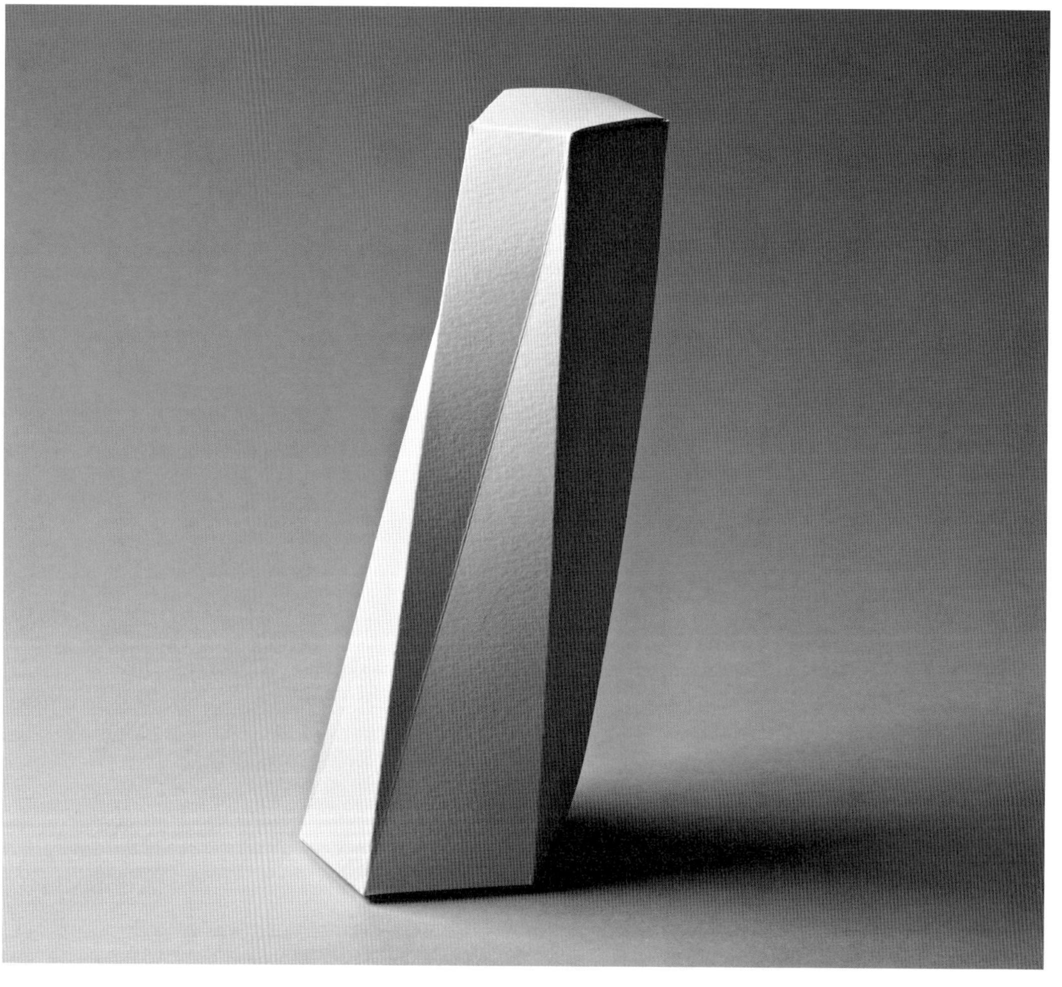

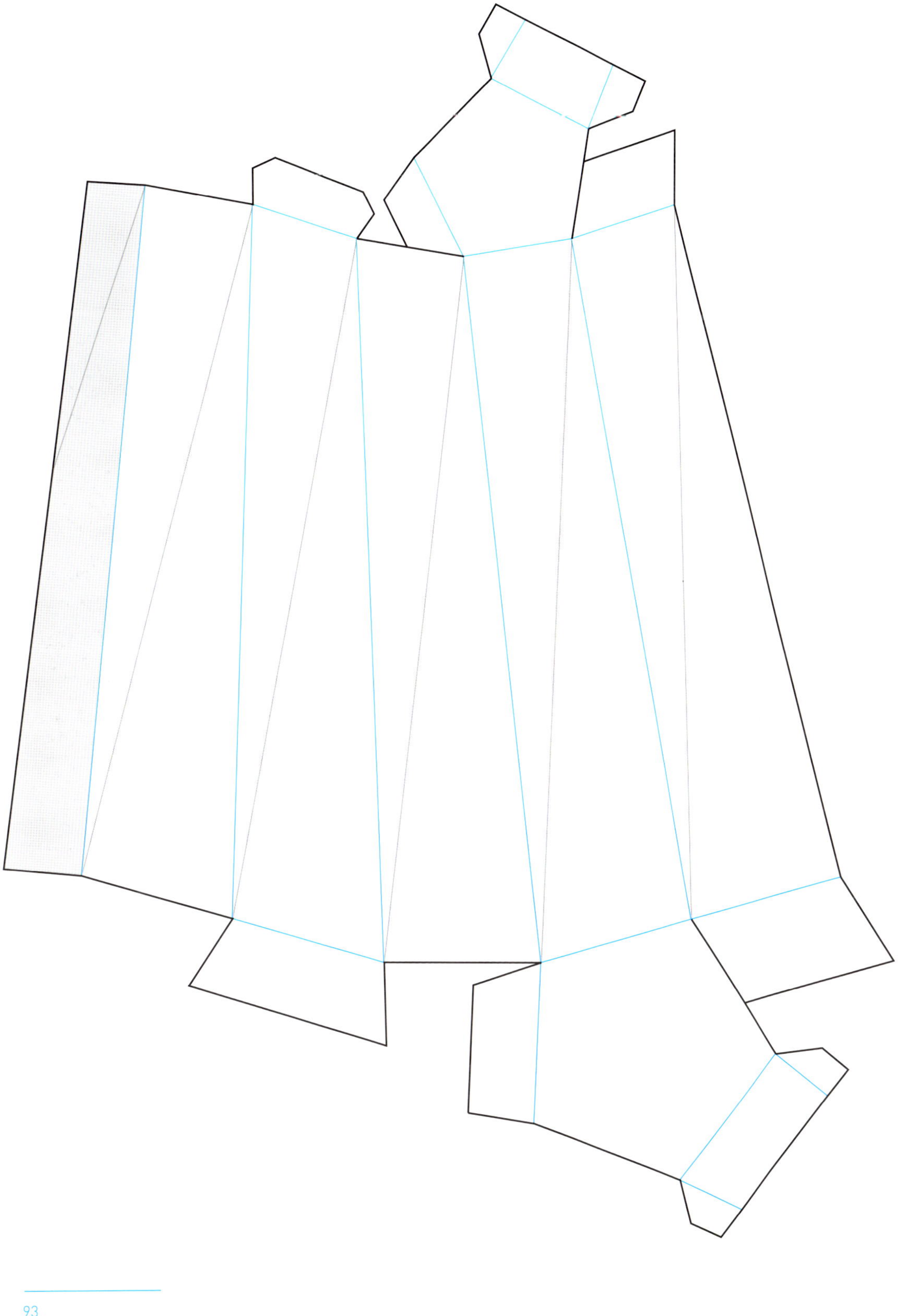

6.2.6

この写真の例に近いものでよく見られる形状は、S字カーブの稜線が次々と反転しながら6つの稜線全てに現れる形状だろう。しかし、この例では3本おきの稜線が直線状の稜線になっており、箱の周りに現れる一連のカーブ稜線の流れを遮って、カーブ稜線と直線状稜線の間に際立ったコントラストを生み出している。注目すべき点は、直線状稜線の1つが小さなタブ数個によって“ジッパー留め”されている点である。この方法は、カーブ稜線と対照的な、強く、平坦でまっすぐな直線状稜線を作るのに役立つ。

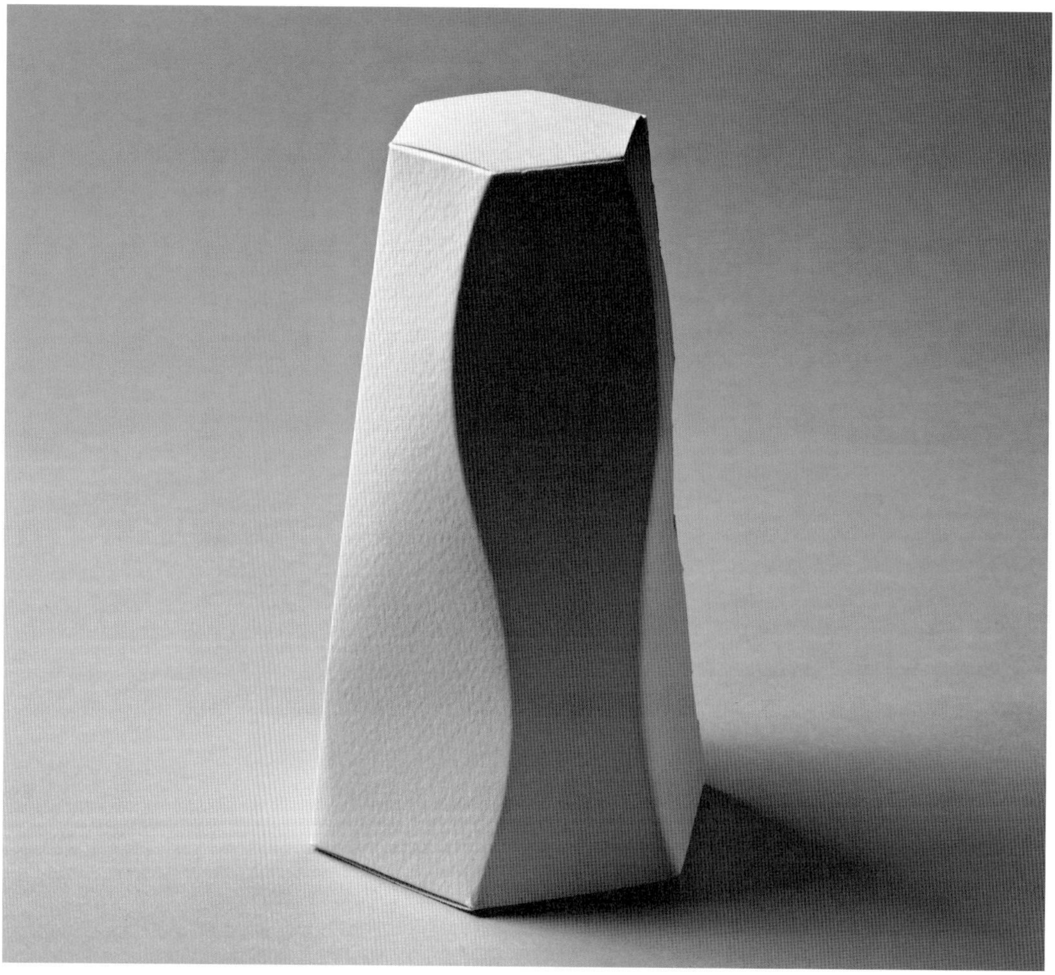

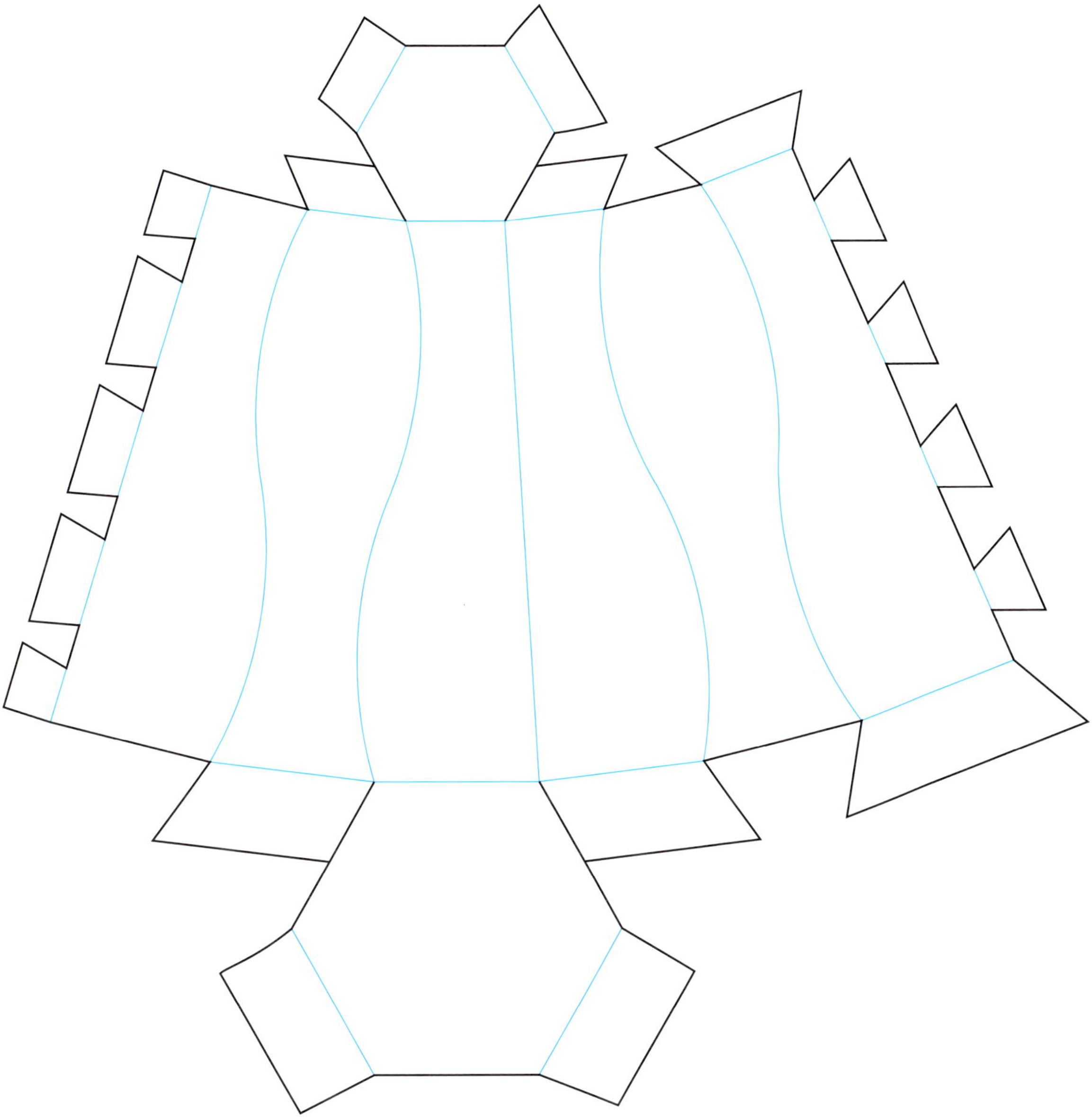

6.2.7

このおどけたようなデザインは、“面と面の間を押し縮める”手法（p.61 参照）によりデフォルメした形状を、一般的なＡ×Ａ×Ｂ直方体の箱（正四角柱の箱：p.42 参照）の上にいくつか積み上げたものである。水平状の折り目の段々部分におけるタブ付け作業は複雑すぎて不正確であるため、形状を保持するには接着線が必要になる。注意すべき点は、接着線における紙の重なりが、垂直の稜線に沿うのではなく、面の中心部分にくる点である。これは、展開図の端を接着線部分で長々とジグザグに切っていくよりも、間違いなく簡単な方法である。

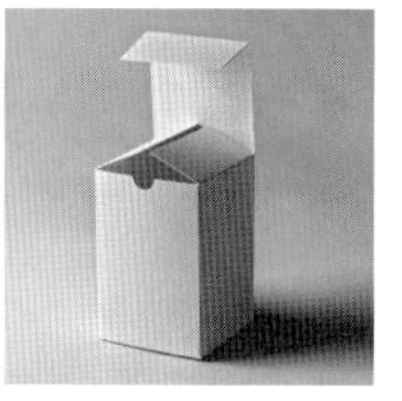

6.2.8

この例と、6.2.7の比較からは学べることが多い。6.2.7と同様、このデザインも“面と面の間を押し縮める”手法（p.61 参照）によりデフォルメした形状を積み重ねたもので、ただ断面形状は五角形になっている。しかし、6.2.7 と違い、この形状はそのジグザグの角度から、平らに押しつぶすことはできない。この例では、側面のジグザグ状の稜線は数個のタブで留められている。さらにこの形状にはクリック・ロック式のフタが付いている（p.70 参照）。

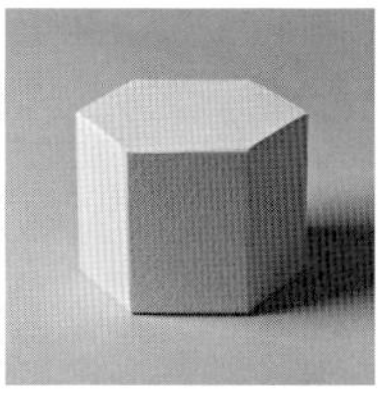

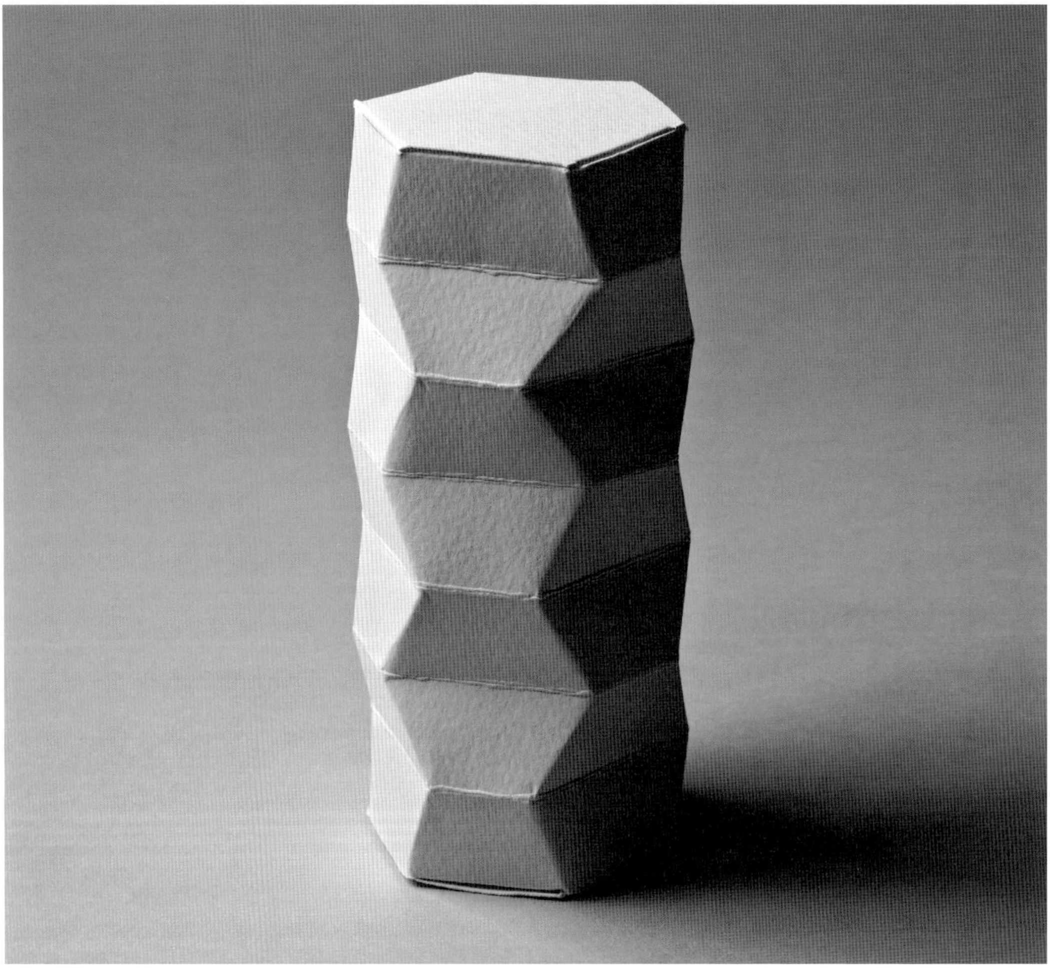

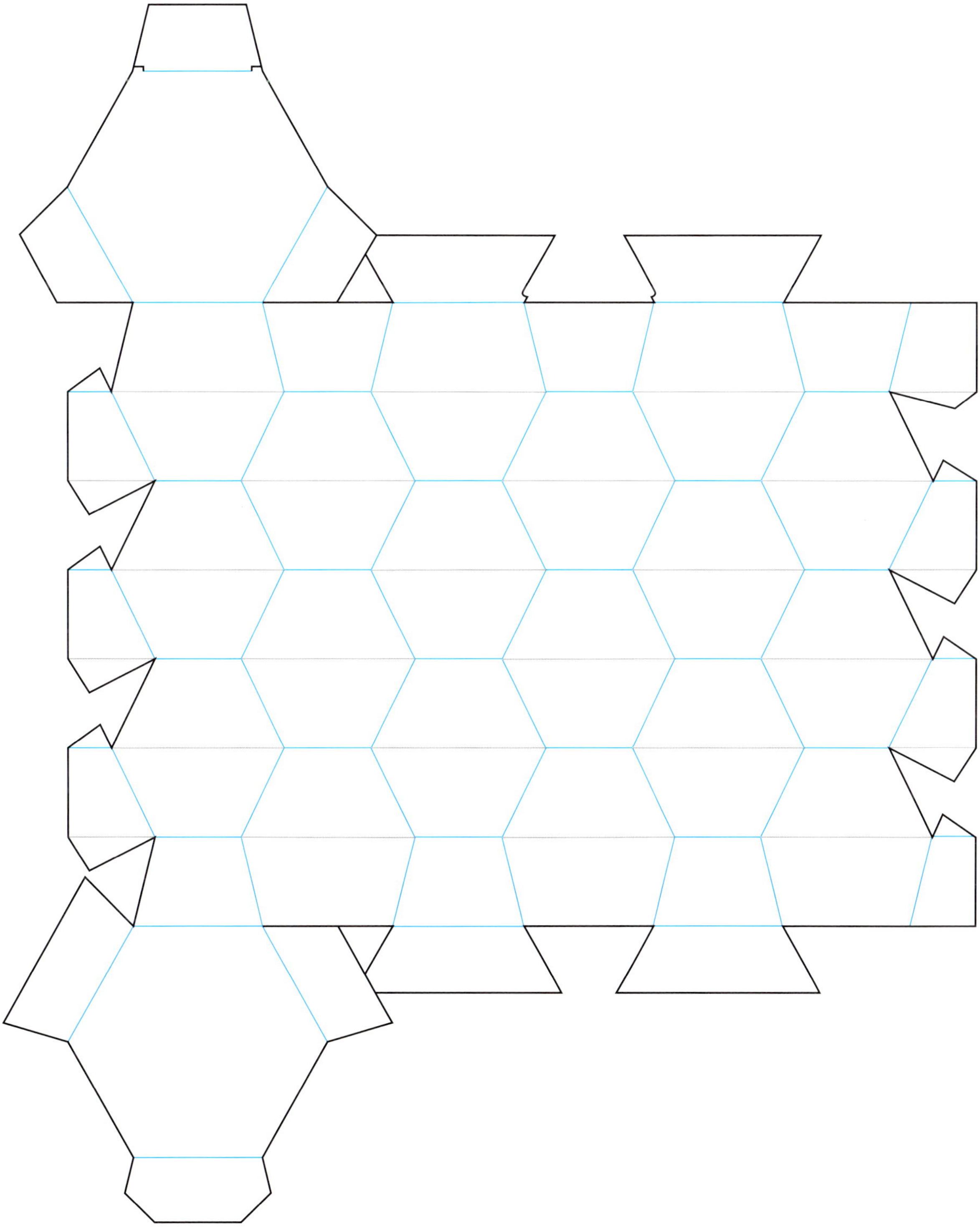

6.2.9

この魅力的な構造は、全て水平、垂直、もしくは45度からなる稜線と折り目で作り出されている。この例の展開図作成には非常に多くの方法がある。ここで選んだ展開図は、腰部分の3つの反転した（谷折りになった）稜線の強度が最も高くなるようデザインされたものである。注目すべきは、これらの稜線が、互いに引っ掛かり合う、長さが半分のタブで固定されている点と、これらのタブが目に見える面を接続している箇所においては、折れ線がない点である。角の折り返し操作により、この形状は縦にして立てることが可能である（6.2.2 参照）。

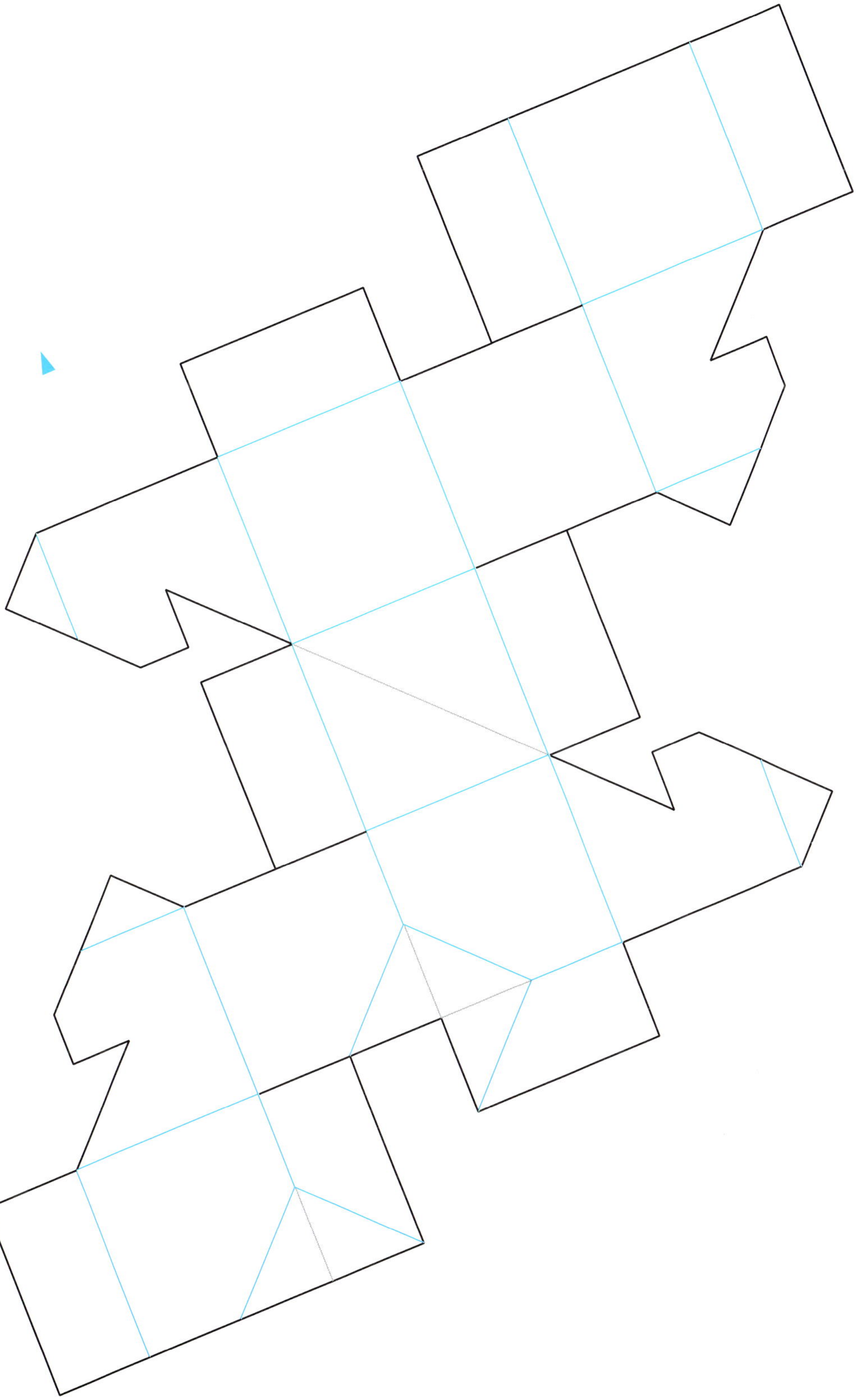

6.2.10

この形状は、“面と面の間を押し縮める”手法（p.61参照）によるものだが、立方体ではなくA×A×Bの四角柱（正四角柱の箱：p.42参照）を基に作られている。ただし、この箱を折り曲げていくと、A×A（正方形）部分の見た目は高さが低くなり、箱はA×B×Cの直方体状になる。この例を制作した生徒は第2章のStep 6（p.21参照）のアドバイスに反して、細長い長方形の面を底面に置いて長辺ではなく短辺側でつなぐ展開図を作成している。もし長辺でつないだ場合には、2つの小さなくさび型のタブで短辺に固定することとなる。その場合には、ここで紹介する展開図に比べて、閉じることが難しくなる。つまりこの展開図は正しくないように見えるが、正しい展開図よりも開閉がしやすいのだ。

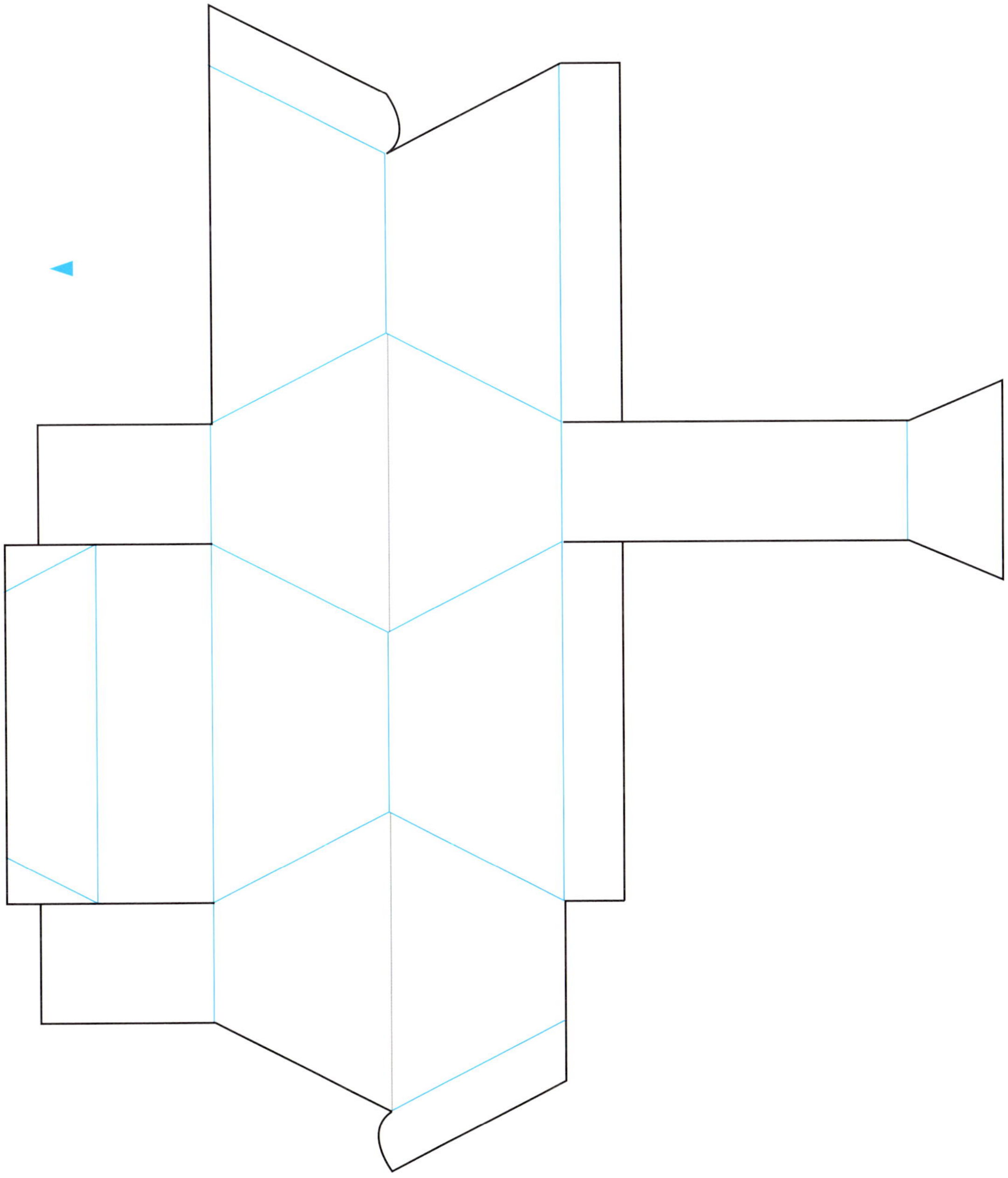

6.2.11

この例では、五角錐台を微妙にねじる変形手法によって、複雑で不思議な形状を作り出している。これは、第2章において段階的に作成した角錐台と、“向かい合う面をねじる”(p.59 参照)の変形操作の組み合わせによる例である。不規則な角度が多いため、タブのデザインには特別な注意が必要である。この形状は側面の歪みにもかかわらず、上面と底面は正五角形になっている。

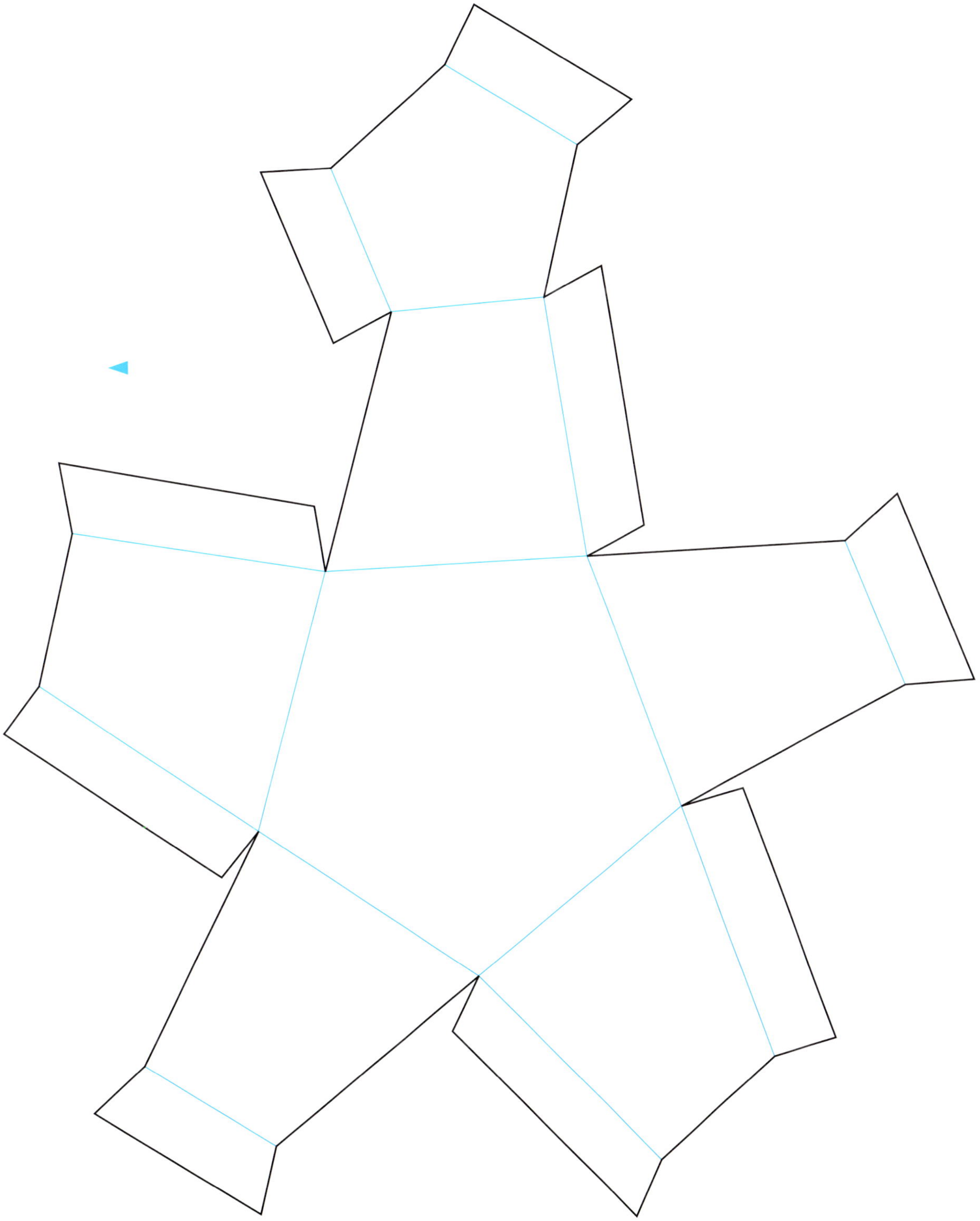

6.2.12

正方形による単純な基部の上に、正方形ではない（長方形の）四角錐を乗せており、型にはまった単調な形状が繊細で目新しいものになっている。注目すべき点は、3つのつば付きのタブ（先細り型のタブ：p.36参照）が、外れやすいタブを形状内でしっかりと固定する上で極めて重要な役割を果たしていることである。

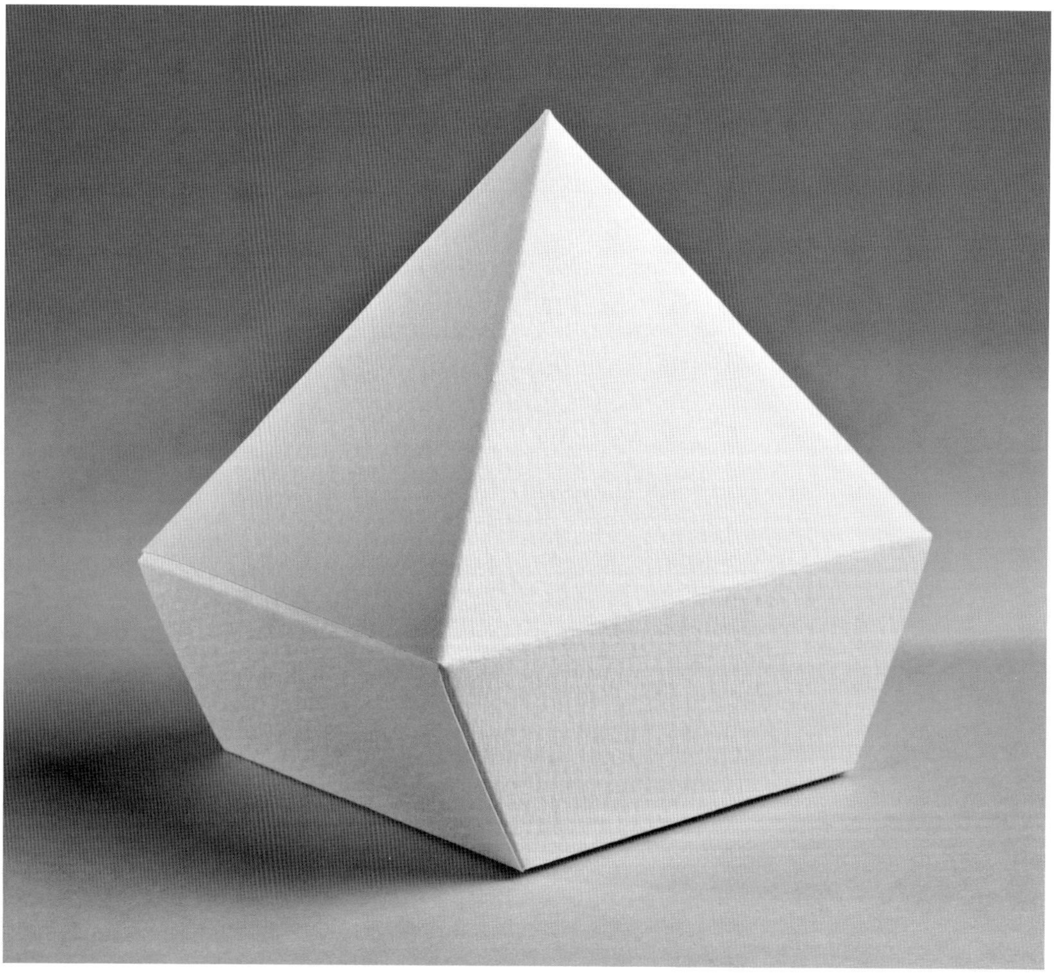

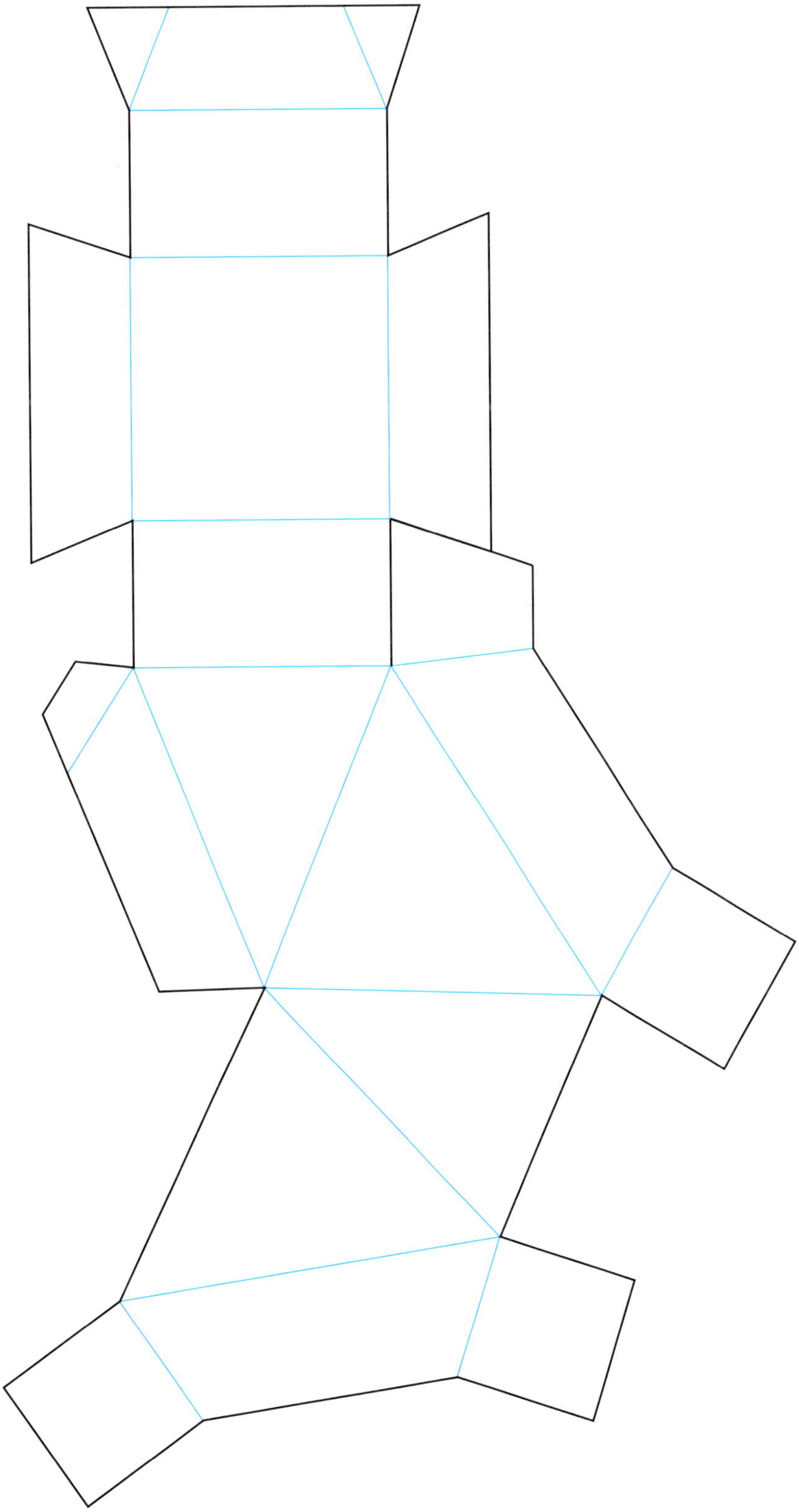

6.2.13

この写真にある例は、この章では唯一、複数の形状を組み合わせたものである。これは第2章で段階的に作成した角錐台と、“ねじる：切子面によるバージョン”(p.60参照)による変形を組み合わせたものである。ただし、この例には形状どうしをぴったりと組み合わせる巧みな仕掛けがある。上面の正方形は、底面の正方形の半分の面積になっているのだ(小さい正方形の対角線は、大きい正方形の1辺と長さが同じである)。このような寸法比率の正方形から成り、自由な高さ設定が可能なこの形状は、8つの三角形平面のうち4つが垂直に立ち上がり、同様に垂直に立ち上がった他の立体の三角形平面とぴったり合わさっている。このようにして、この形状は2次元で無限に平面充填でき、さらにこれらが3次元でも立体充填できる。

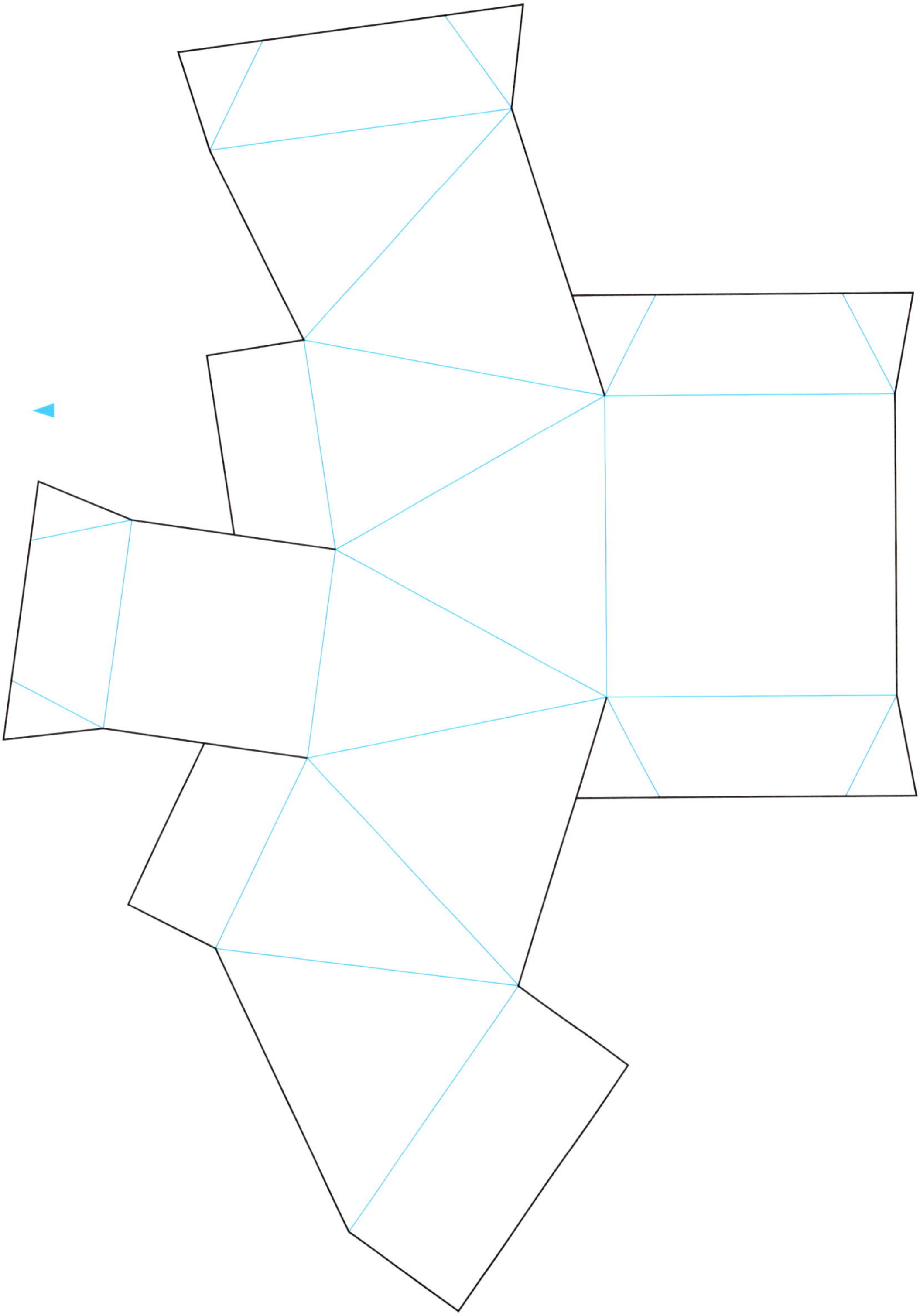

6.2.14

時と場合によっては、“less is more”、「より少ないことは、より豊かなこと」である。この例では、腰部分の水平の谷折り線は完全には折り曲げられておらず、カーブ状の稜線でつながった上面と底面を2等分し、もともと興味深い形状にさらに美しさを添えている。注意すべき点は、この例では単純な直線状の接着線で形状を閉じているため、折り目部分から紙の端をずらすことができ、優美なカーブを描く折り目の印象を最大限に引き出している点である。

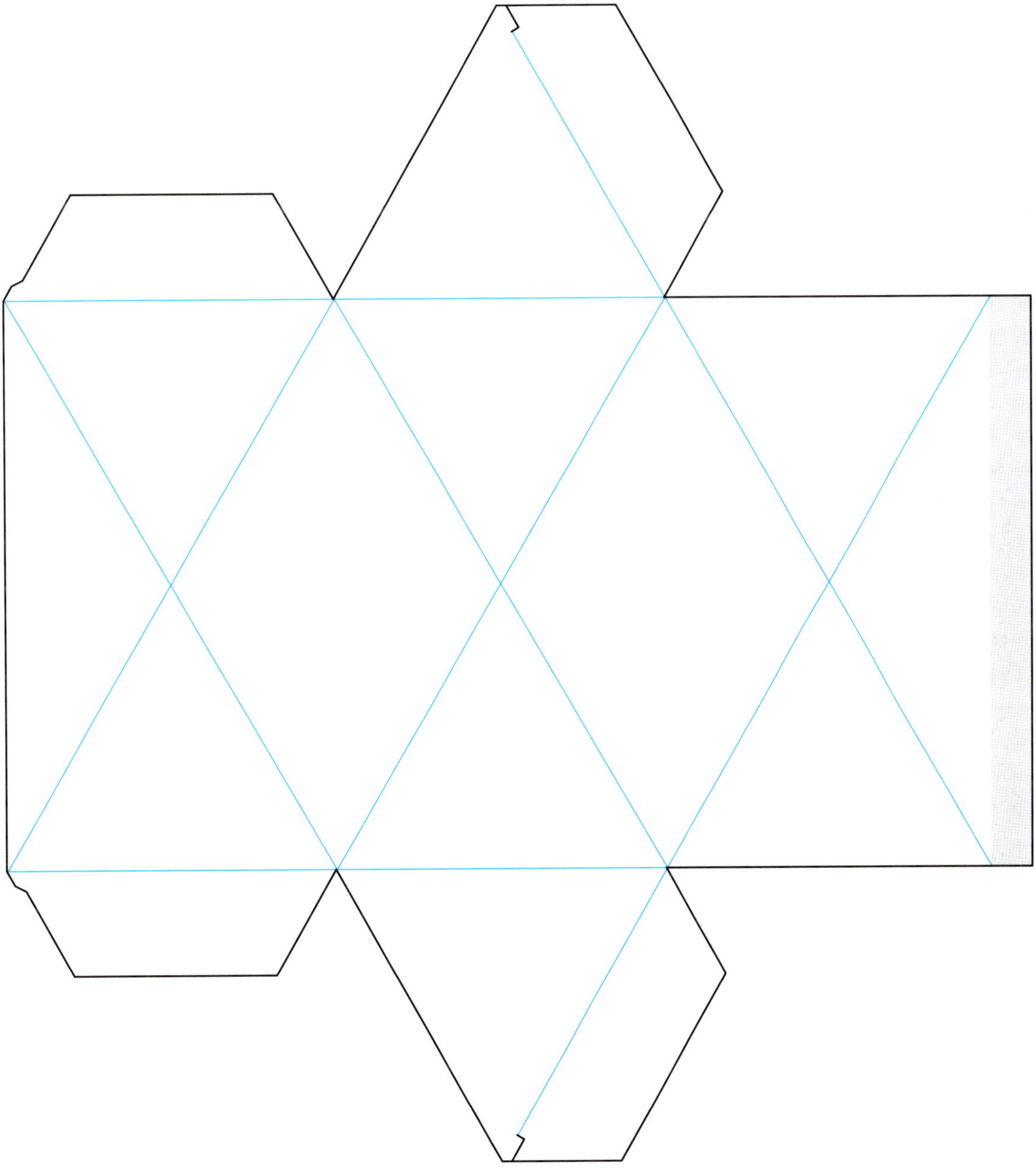

6.2.15

この形状はまるで、より大きな形状から切り出された切れ端のように見える。そして実際、そのようにできている。2つの小さな三角形平面がなくなるまで面を引き伸ばせば、この形状は“角を削り取る”(p.56 参照)変形操作において立方体から削り落とされた角部分に似た形状になるだろう。2つの鋭角の角をさらに削り落とせば、この形状はよりコンパクトになる。

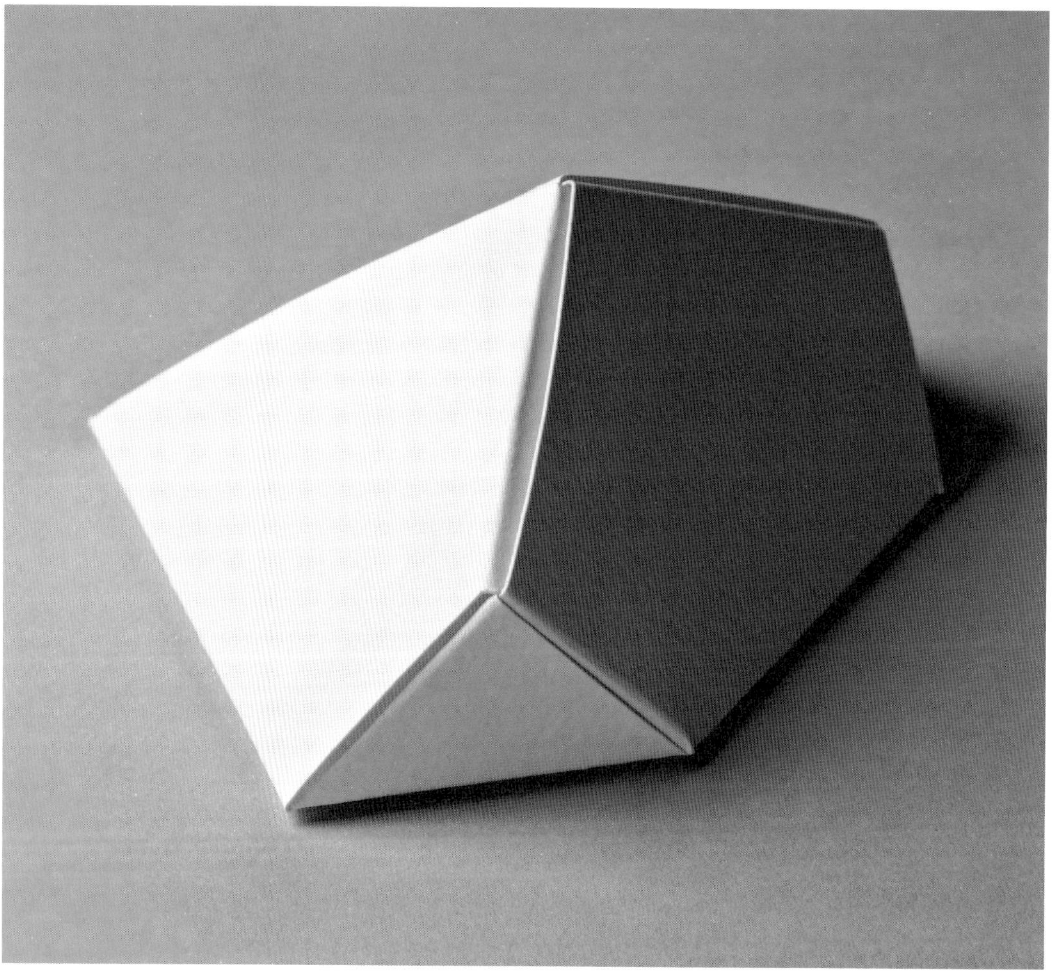

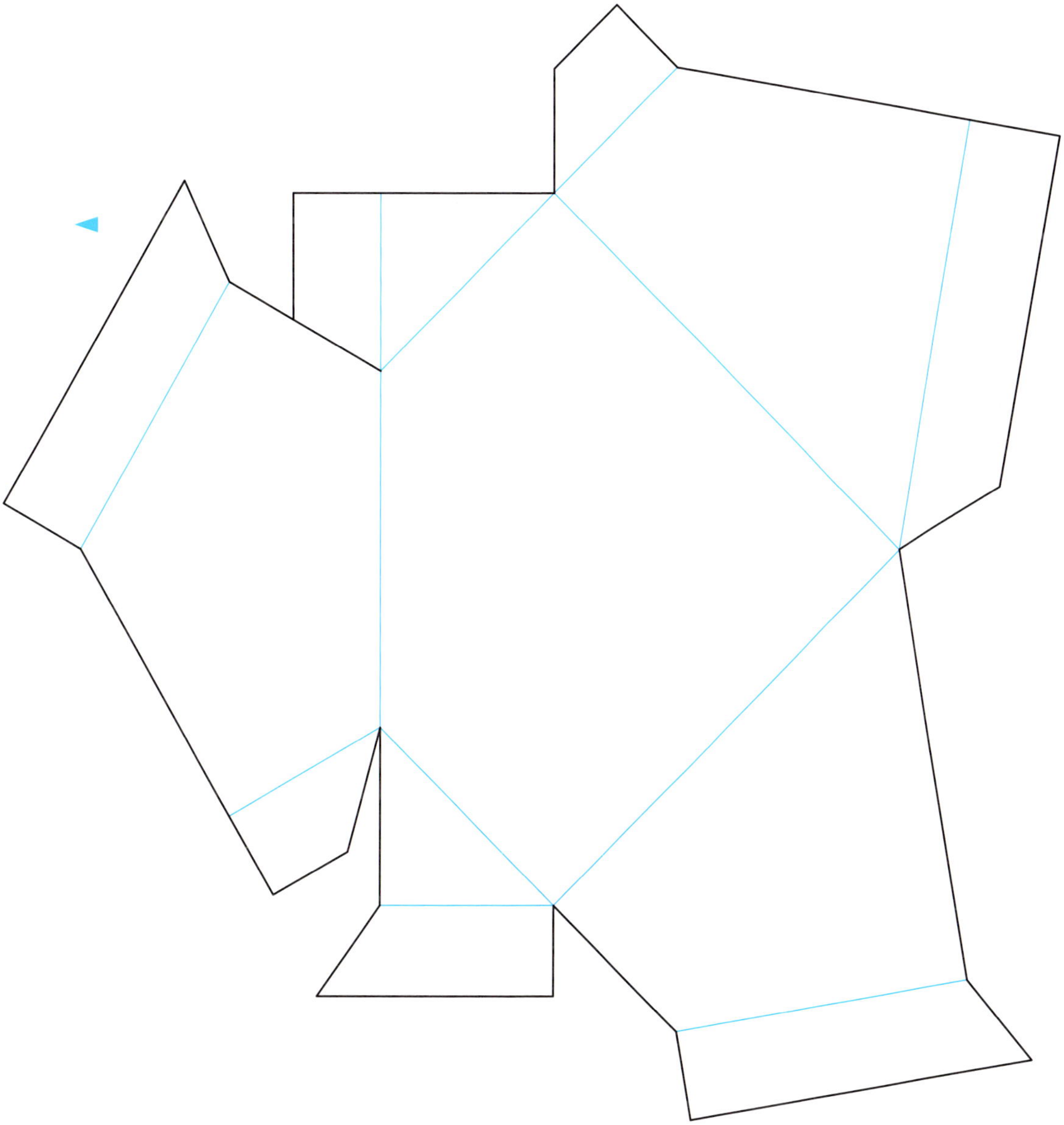

6.2.16

渦巻状の辺のベースとなっているのは、第2章において段階的に作成した2つの形状が組み合わさった形状（角錐台と六角柱）だ。それに、"二重カーブ稜線"と"一重カーブ稜線"（p.62とp.65参照）による変形の組み合わせを適用した。至る所が膨らんでカーブを描き、1枚の紙から作り出されたとはとても思えない。

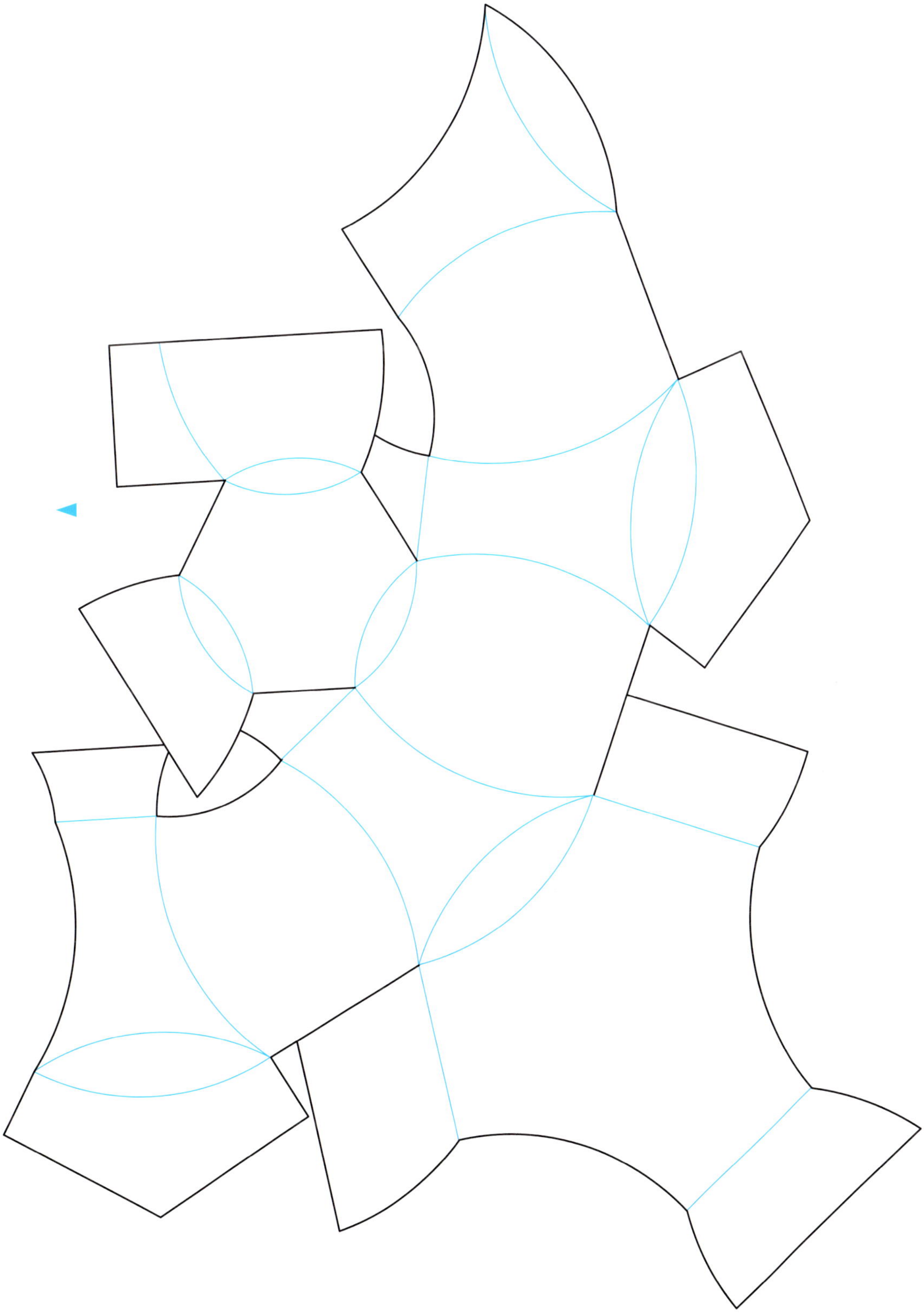

6.2.17

とても魅力的な構造を持つこの形状は、臆病な人には向かないかもしれないが、本書でこれまで解説してきた体系的な手法を極限まで突き詰めつつ、うまく仕上げられた作品である。作図や制作は非常に複雑だが、その複雑さは単純な繰り返しから来るものである。実際、このデザインには異質な要素がほとんど含まれていない。この本に掲載されている多くのデザインで、特定の要素を何回も繰り返すことによって、この例に見られるような複雑さを得ることが可能だ。ここまでくれば、箱やパッケージも彫刻の域に達する。

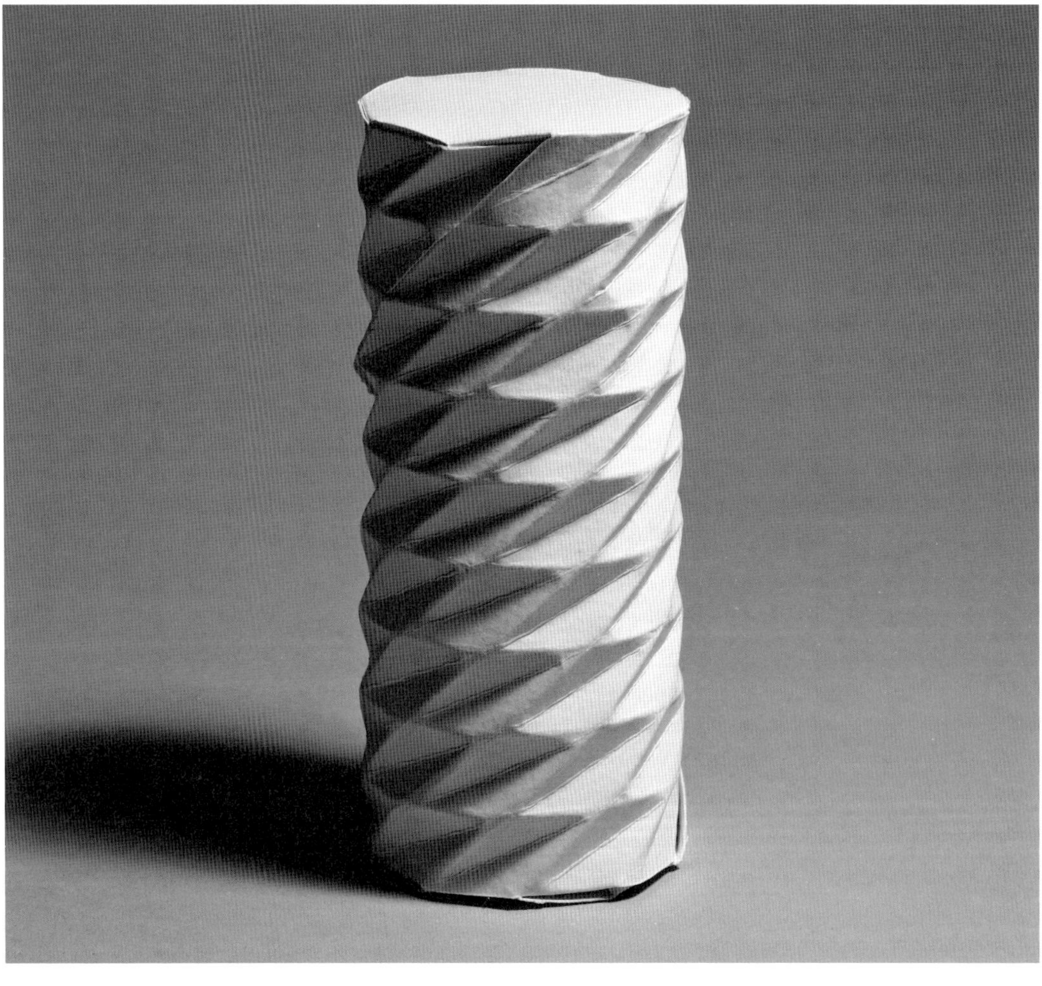

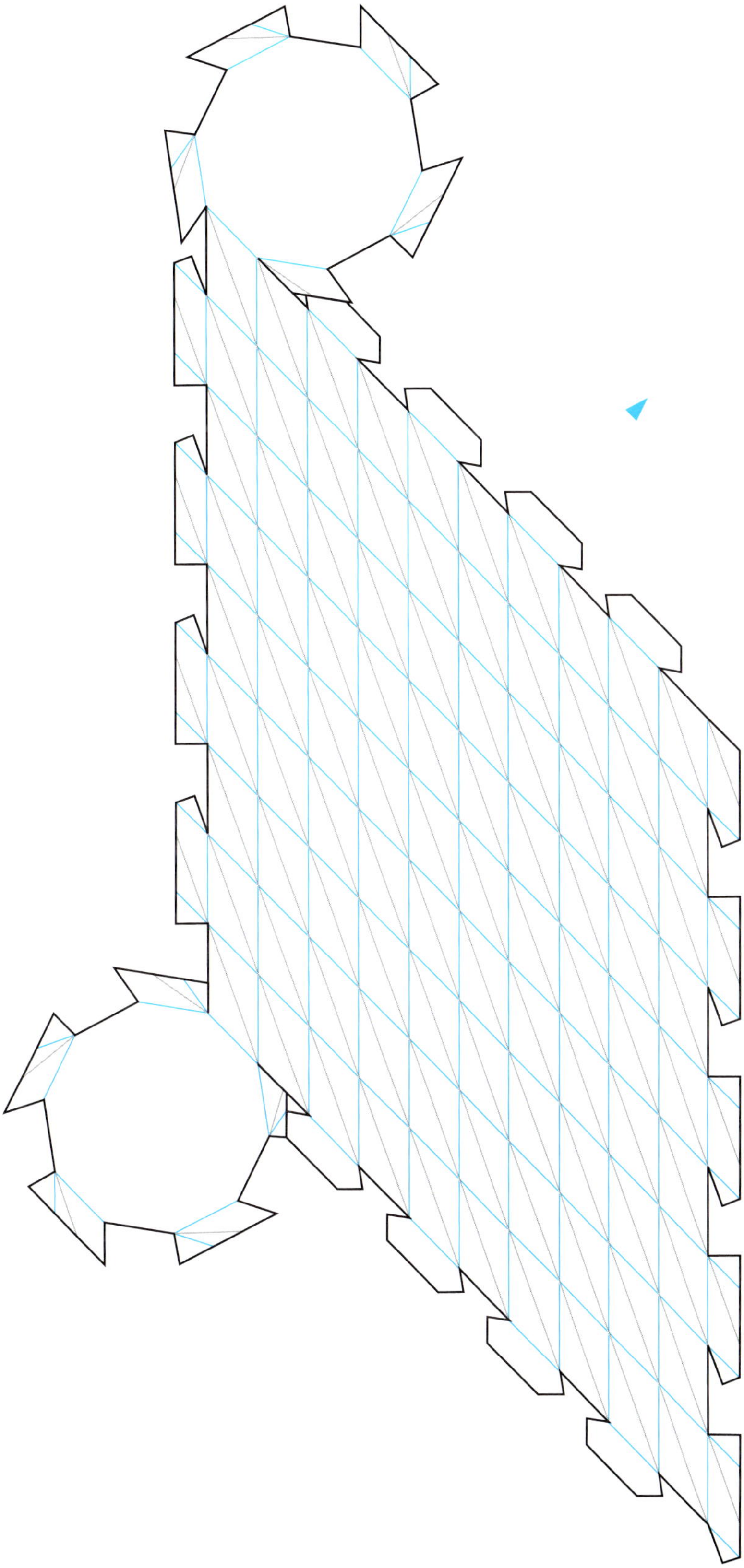

6.2.18

この例では、五角柱がねじられ（向かい合う面をねじる：p.59 参照）、垂直な 5 本の直線状稜線のうちの 4 本が二重カーブ稜線で置き換えられている（二重カーブ稜線：p.62 参照）。その結果作り出されたのは、残る 1 本の直線状稜線により面白みを増す、優美な形状である。二重カーブ稜線は、正方形や五角形が基になった立体形状においてより大きな効果をもたらすが、側面の数が増すと次第に平坦さも増していくので、その効果は薄れていく。

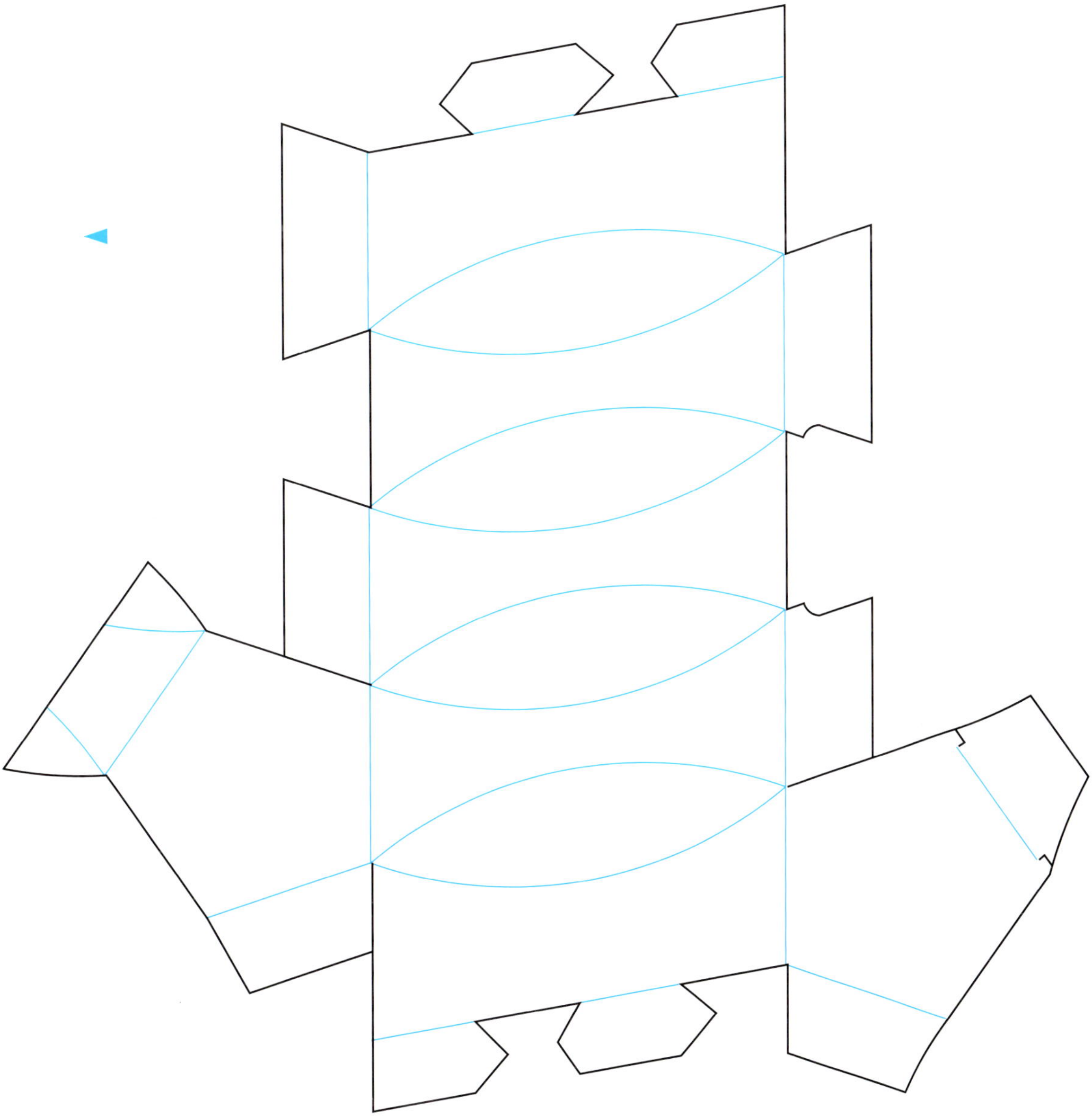

6.2.19

左側の形状は、一般的な五角錐台を基に、高さ方向に立ち上がる各側面に、対角上に横切る谷折り線を1本ずつ加えたものになっている。5本全ての山折り線と、5本全ての谷折り線が同時にねじられた時、形状はつぶれた状態に固定され、右側にあるような形状を作り出す。この形状は外側から見ると複雑だが、内部空間はすっきりと整い、単純である。これらの空間は五角錐で、上部の空間は上下逆さまになっている。この例で示したねじり操作による変形手法は、他の多角柱と多角錐台にも適用することができるが、通常よりも背の高い形状に操作を加える場合、うまくねじれない恐れがあるため注意が必要だろう。

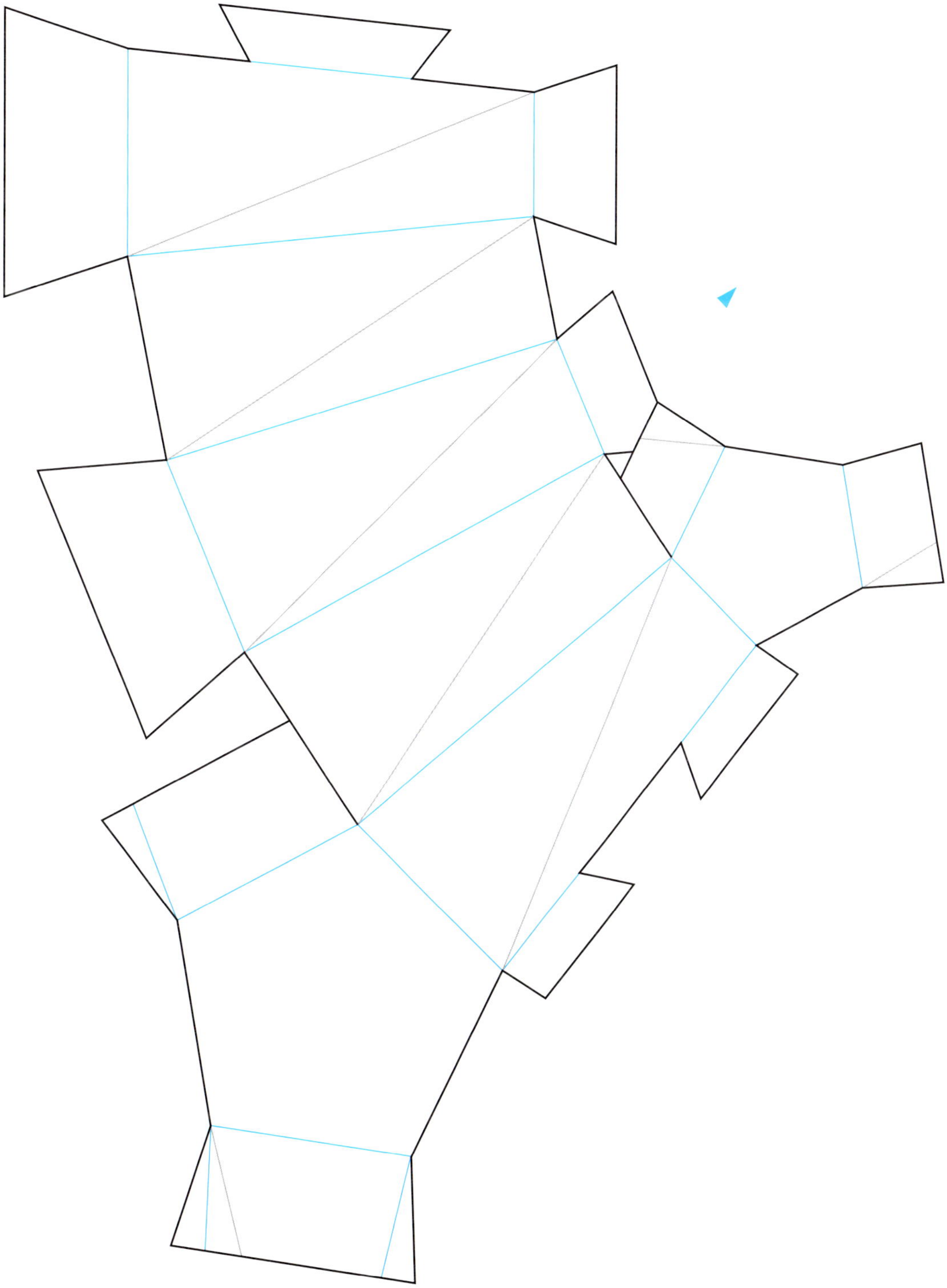

6.2.20

これは、この本で最もミニマルな展開図から作成された例である。側面の折り目は全て取り払われており、形状全体が柔らかくカーブを描いている。底面は六角形であるが、上面が三角形になっている点に注目してほしい。底面の6つの稜線が上面では3本になっており、垂直面に沿って3つの三角形と3つの台形を作り出している。3つの部分が互いにかみ合うことで機能するフタは、シンプルですっきりとした左右対称の上面を形成し、ミニマルな美しさの立体形状に大きく寄与している。その他多くの展開図においても、折り目を取り除くことによってエレガントなカーブを生み出すことが可能である。

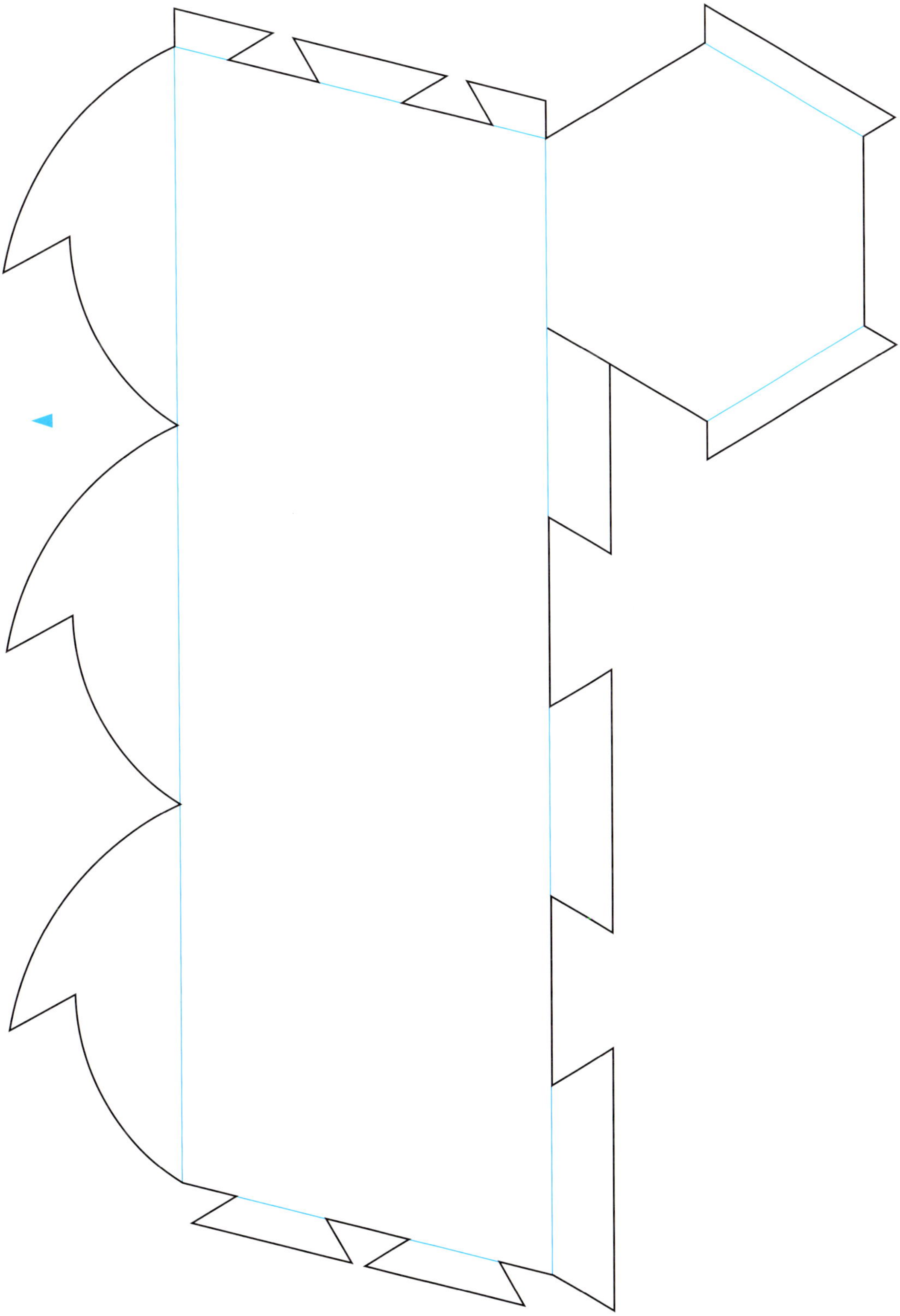

6.2.21

立体の内部で全てのタブを固定する代わりに、このうちのいくつか、あるいは全てのタブを立体の外側で固定できる。この例では、タブの１つをスリットに差し込み、立体の外側で固定している。この固定方法は、タブがフタになっていてこれを外すことにより箱が開くことを暗示する役割も果たしている。

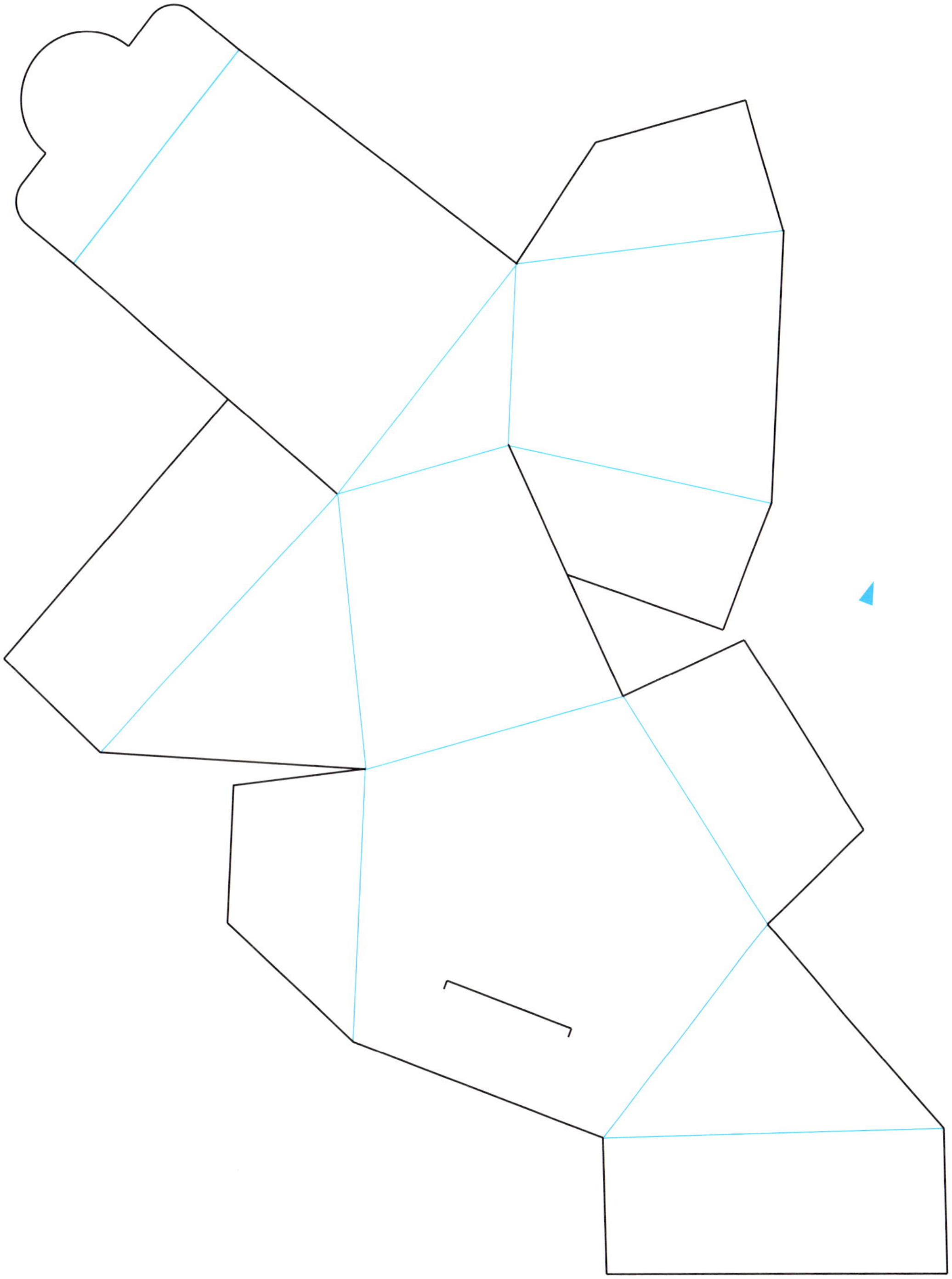

どうやって自分の箱を製造するか

ここに至るまでに、この本に示された方法に基づいてデザインのプロトタイプを制作してみたものと思う。意見を求める必要のある人全員から試作品の承認を得られれば、後は実際に製造してみることだ。使用する素材や製造したい数量に応じて、いくつかのオプションがある。

1. コンピュータのプリンタを用いる

製造数量が少ない場合は、A4 か A3 サイズのプリンタで展開図を印刷することが可能だ。印刷後は、切り離したり折ったりする作業を手で行う。この方法は時間がかかり骨が折れるが、製造コストはどんな製品加工オプションよりも格段に低くなる。また、コンピュータのプリンタを利用した場合、当然ながら、展開図面にどんな図や画像でも印刷できる。

もし使用するプリンタが印刷時に紙を 180 度折り曲げて印刷するタイプの場合、200g/m^2 以上の斤量の紙にはうまく印刷できないかもしれない。この場合の解決策は、紙を折り曲げずにまっすぐ紙を給紙するプリンタを買うか、こうした仕様のプリンタを友人に使わせてもらうかである。もし目的にかなうプリンタが利用できない場合には、下に示すプリッキング手法を用いるとよい。

2. プリッキング手法

製造数量が少なく、重い紙や段ボール紙、プラスチックやその他の素材を選び、大きすぎたり厚すぎたりしてコンピュータのプリンタに通らない場合には、まず別の紙に正確に展開図を描き、この展開図を素材に貼り付けて、展開図上の全ての角を針で下の素材ごと突き通す。この作業が終わったら紙の展開図をはがし、素材上に開いた針穴どうしを子供の“点を結ぶ”パズル絵のように線でつなぎ合わせて、元の展開図の正確な複製を作成する。この手法で作成した紙製のテンプレートは、針穴が小さい限り、繰り返し利用することができる。このローテクな複製方法は原始的に見えるが、非常に効果的なものである。

3. プロッターやレーザーカッターの利用

専門家が用いる技術ではあるが、フラットベッドカッティングプロッターやレーザーカッターは最近急速に一般化してきている。ほとんどのパッケージ業者が描画ペンをナイフに付け替えたプロッターを所有し、新しいデザインのプロトタイプをクライアントのために作成する際に使用している。プロッターは驚くほど魅力的で、虜になってしまいそうなおもちゃのようだ！ 製造数量が少ない人向けにプロッターを貸し出す会社もある。もし自分のデザインは手作業による製造が難しく、数量が少なすぎて大量生産には向かないという場合には、プロッターを使わせてもらえないか印刷紙器会社に交渉してみるのも１つの方法である。

4. プロによる大量生産

製造期間が長い場合、機械生産の必要があるかもしれない。

最初の一歩は、地元のパッケージ業者に連絡を取り、自分のデザインを見せることから始まる。この時、自分が創り出したデザインを、生産に向けていかに向上させることができるか、以下のことに留意し、アドバイスをもらう準備をしておくことだ。90度で折り込む際の紙の厚みを考慮して、折れ線を数ミリ単位で移動すべきかどうか。／タブをより長く、あるいはより短く、もしくは角に丸みを付けて作るべきかどうか。／接着線を加えたほうがよい（あるいは加える必要がある）かどうか。／フタの閉じ部の固定をいかに向上させることができるか。／どのような紙や素材を用いるべきか。／表面の図柄をいかに印刷するか。／いかにコストを下げるか、等である。これ以外にも、プロとしての経験から得た、役に立つ多くのアドバイスをもらえるはずだ。もしこのような熟練技やノウハウを全て掲載するとなると、本書は今の３倍の量になってしまうだろうから、詳細はここでは割愛する。また率直に言うと、プロのパッケージング技術者は、固有のデザイン手法や、制作工場で使われている機械の仕様に合わせて、全てを変えてしまう可能性もある。ただ、この本でこれまで学んだことによる自分のデザインは、プロのパッケージング技術者に持って行って見てもらい、仕上げてもらうのに十分以上のものであるという自信を持ってもらいたい。

いくつかの専門業者をあたり、アドバイスをもらう価値は十分ある。業者は、製造する上でデザインを向上させる独自のノウハウを持っている。自社内に印刷設備を持っていて、独創的なデザインを喜んで受け入れてくれる業者もあるだろうが、逆にテンプレートになっている角箱以外の製造には応じてくれない業者もあるだろう。

これまで何年にもわたり、多くのアート系・デザイン系大学がその生徒たちとの共同作業の機会を与えてくれ、そのおかげで、この本に掲載された展開図によるパッケージ制作の体系的な手法の改良と洗練を実現できた。感謝の意を表したい。また共同作業に参加してくれた数多くの生徒たちにも感謝している。

イスラエルのホロンにあるジラッド・ディー有限会社のジラード・バーケン（CEO）と、ベーナズ・シャミアン - ハーシュコビッツ（デザイナー）には、自社のプロッターを用いて多くの展開図を作成していただいた。献身的なご尽力と専門家としてのご助力に対し、特に感謝の意を表したい。ふたりの素晴らしい力添えのおかげで、この本が完成した。

また、ミラノ大学のエマ・フリゲリオ教授には数学に関する貴重なご助力をいただき、心より感謝している。

また、最終章にある一連の作品を制作するために、私が生徒と一緒に作業することを許可してくださったドイツ・シュヴェービッシュグミュント美術大学（Hochschule für Gestaltung, Schwäbish Gmünd, Germany）のクリスティーナ・サレルノ学長、ピーター・ステビン教授に対して、また素晴らしい献身と忍耐を持って一緒に作業してくれた生徒たちに感謝している。協力してくれた生徒たちは以下の通りである。Marion Bruells, Christiane Frommelt, Janine Gehl, Thomas Grikschas, Andreas Hogh, Julian Hölzer, Adrian Jehle, Patrick Klingebiel, Moritz Koehn, Juliane Lanig, Bernhard Meyer, Jan Michalski, Katja Mollik, Linda Moser, Christina Müller, Stefanie Nagel, Christine Putz, Olga Rau, Janina Reinhard, Julius Renz, Robin Ritter, Andrea Schmaderer, Sascha Benjamin Simeth, Hakon Ullrich and Anna Kubelik.

[著者プロフィール]

ポール・ジャクソン（Paul Jackson）

ペーパーアート＆クラフトに関する本を30冊以上執筆しており、これまで、アメリカ、ドイツ、ベルギー、英国、カナダ、イスラエルなど、50以上の大学、150以上のカリキュラムで折りのテクニックを教えている。また、ナイキやシーメンスといった企業においても「折りのコンサルタント」として技術指導を行っている。